NOTICE

SUR LE CHATEAU

DE CHAMBORD.

OUVRAGES

DU MÊME AUTEUR QUI SE TROUVENT AUX MÊMES ADRESSES.

Traité sur la Poudre la plus convenable aux armes à piston.

Mémoire sur le Marronnier d'Inde et ses produits.

Manuel du Veneur. — Savarèze, Palais royal.

Notices historiques sur l'ancien Grand-Cimetière et les Cimetières actuels d'Orléans, avec lithographies du portail, etc.

Album du département du Loiret. — In-fol.; notices et lithographies.

Histoire de la ville d'Orléans. — 2 vol. in-12, avec lithographies.

Indicateur Orléanais. — A l'usage des étrangers, extrait du précédent.

Notice historique sur l'Église cathédrale de Sainte-Croix d'Orléans.

Ecusson-Greffe, ou nouvelle manière d'écussonner les ligneux avec plus de célérité et un succès plus assuré. 1830.

Mémoires sur la culture de la Citrouil e des Vaches et sur celle du Chou vert. 1830.

POUR PARAITRE INCESSAMMENT :

Notice historique sur la forme et la position exacte des Tourelles du Pont d'Orléans où Jeanne d'Arc combattit, dont l'auteur vient de découvrir les restes.

Histoire complète du Siége d'Orléans en 1428 à 1429.

Tablettes chronologiques de l'Histoire générale de l'Orléansis.

Mémoire sur les usages pratiqués dans tous les temps pour les sépultures dans l'Orléanais.

Notice historique sur la Porte Saint-Jean.

IMPRIMERIE DE DANICOURT-HUET, A ORLÉANS.

NOTICE

SUR LE CHATEAU

DE CHAMBORD,

SUR SES DÉPENDANCES, SUR LES MOYENS DE L'UTILISER D'UNE MANIÈRE DIGNE DE SA DESTINATION PRIMITIVE ET DE LA FRANCE QUI L'A RACHETÉ.

Par C. F. Vergnaud-Romagnesi,

Membre de la Société royale des sciences, belles-lettres et arts d'Orléans; de la Société d'encouragement pour l'industrie nationale; de la Société Linnéenne de Paris; de la Société nantaise d'horticulture; de la Société d'Emulation des Vosges; de la Société académique de la Loire-Inférieure; de l'Académie d'industrie agricole, manufacturière et commerciale; de la Société royale des Antiquaires de France et de Normandie; l'un des correspondans du Ministre du commerce et des travaux publics pour la recherche et la conservation des monumens publics dans le département du Loiret.

Extrait du tome XII des Annales de la Société Royale des Sciences, Belles-Lettres et Arts d'Orléans.

PARIS,

RORET, LIBRAIRE, RUE HAUTEFEUILLE.
CHOTIAU, A CHAMBORD.
L'AUTEUR ET LES PRINCIPAUX LIBRAIRES A ORLÉANS.
LES PRINCIPAUX LIBRAIRES A BLOIS ET A TOURS.

—

1832.

BIBLIOTHÈQUE
DE M. LESAGE,
DIDIER.

*offert par M° Galos
qui avoit reçu l'ouvrage
de M. Verdier auteur
du rapport.—*

NOTICE

SUR LE CHATEAU

DE CHAMBORD,

SUR SES DÉPENDANCES, ET SUR LES MOYENS DE L'UTILISER.

Divers écrits ont été publiés sur Chambord; un assez grand nombre, parmi lesquels nous citerons ceux d'André Duchesne, de Ducerceau, de Bernier, historien de Blois, de Davity, de Le Rouge, etc. (1), sont peu lus aujourd'hui à cause de leur insuffisance, de leur aridité, de leur langage. Depuis 1809, diverses publications sur le même objet ont eu lieu, et des lithographies ont été faites par différens artistes; parmi elles nous citerons une vue de Chambord avec un plan du parc, lithographié, sans date, et dessiné par Porin pour le maréchal Berthier; l'ouvrage de MM. Merle, Perié, Villeneuve et Destain; une vue de M. Renoux avec une notice de M. Blancheton; une lithographie d'Isabey, représentant l'arrivée de Mme la duchesse de Berry à Chambord en 1828; une lithographie dessinée par M. N. Romagnési, lithographiée par M. Pensée et imprimée à Orléans; une notice de M. Gilbert; enfin *Les Échos de Chambord*, recueil de vers et d'inscriptions du moment, publié en 1828 par la commission d'achat de ce domaine, et dans lequel on trouve une courte notice par M. de Lasaussaye.

Ces écrits et ces lithographies sont, pour la plupart, épuisés, difficiles à se procurer, et ne présentent guère qu'un intérêt partiel ou de circonstance. Ayant été à portée de consulter à peu près tout ce qui a été imprimé sur Chambord et sur les faits qui s'y sont passés, aidé de documens puisés sur les lieux ou qu'on nous a obligeamment communiqués, nous avons pensé qu'il pourrait être intéressant, surtout en ce moment où le sort d'un aussi bel édifice va définitivement être fixé, de vous communiquer le résultat de nos recherches. Nous serions amplement dédommagé de nos soins, si vous accueilliez favorablement cet écrit succinct, mais dans lequel nous pensons avoir réuni tout ce qu'il peut y avoir d'intéressant à connaître sur Chambord et ses dépendances.

Nous avons cru devoir le diviser en trois parties. La première contient l'histoire, la seconde la description de ce monument précieux, la troisième les moyens de tirer, selon nous, le meilleur et le plus digne parti des bâtimens et du parc immense qui les entoure.

HISTOIRE.

Ce château, visité à juste titre par un grand nombre d'étrangers, est situé sur la petite rivière du Cosson, dans le département de Loir-et-Cher, tout près de l'ancienne route d'Orléans à Blois par Cléry, si digne également de fixer l'attention des amis des arts par sa belle église, le tombeau de Louis XI et la Grand'Jeanne. Sa distance de Blois est de 4 lieues au sud est, et celle d'Orléans, la plus directe en passant par St-Dié, de 12 lieues. Une route de traverse qui passe au village de Croui, où l'on remarque un joli bas-relief bien conservé (2), abrége un peu le chemin ; mais elle ne peut guère être suivie sans un guide du pays.

Dans l'origine, ce château, ou plutôt cette petite seigneurie, était appelé Chambost, suivant André Duchesne et d'après quelques vieux titres. Sous le règne de François Ier, fondateur des bâtimens et du parc actuels, il portait le nom de Chambourg, qu'il conservait encore sous la régence de Catherine de Médicis ; et c'est ainsi que le désigne l'architecte Ducerceau dans son recueil *Des plus excellens bastimens de France*, dédié à cette reine. Plus tard on le trouve dénommé Chabour et Chambour ; enfin, sous Louis XIV, Chambord de son appellation latine *Camborium* conservée par Vosgien et les géographes de son temps. Néanmoins l'usage d'écrire Chambord a prévalu, et depuis le maréchal de Saxe, qui l'écrivait ainsi, on a généralement adopté, quoiqu'à tort, cette orthographe.

Thibault-le-Tricheur, comte de Blois au 10e siècle, grand *veneur et fauconnier*, paraît avoir été le premier seigneur qui affectionna le château de Montfraut, situé à une lieue et demie de Chambord, dans un pays encore agreste. Ce lieu de Montfraut, dont le nom fut ensuite joint à celui de Chambord, est toujours demeuré à une partie du parc où l'on voit un pavillon ou porte de sortie ainsi appelée. Si l'on en croit les crédules habitans des hameaux voisins, le comte Thibaut aurait conservé dans l'autre monde la passion de la chasse, et on l'entendrait encore maintenant, pendant les nuits calmes de l'automne, sonner du cornet et appeler ses chiens, dont les aboiemens se dirigent constamment de Montfraut vers les ruines de l'antique castel de Bury, et parcourent environ six lieues. Bernier, historien du Blaisois, assure qu'en l'an 1190 les comtes de Blois possédaient Chambord ; et effectivement on connaît une charte de Thibaut-le-Bon, datée à cette époque de Chambost-Montfraut. Jehan de

Châtillon, comte de Blois, étant mort dans cette seigneurie, son corps fut transporté à l'abbaye de la Guiche, qu'il avait fondée (3).

Louis XII, duc d'Orléans, 27ᵉ comte de Blois, (4) étant monté sur le trône en 1498, ce comté et toutes ses dépendances furent réunis à la couronne. C'est ainsi que François 1ᵉʳ devint possesseur de la terre de Chambord; mais elle ne fixa son attention que lorsque l'attrait du plaisir de la vénerie et peut-être aussi le besoin de distraction après sa captivité d'Espagne, lui fit prendre goût au séjour de Chambord, où il pouvait se livrer à l'exercice de la chasse plus agréablement que dans les environs de la capitale.

En 1526 il fit démolir l'ancienne demeure des comtes de Blois, pour la remplacer par un édifice somptueux à la construction duquel dix-huit cents ouvriers, dit-on, furent employés depuis 1526 jusqu'en 1547. M. de Chauvigny, directeur-général des travaux, aux appointemens de 1200 fr. par an (5), y dépensa 444,570 liv. 6 s. 4 d. Était-ce bien le moment d'une semblable profusion? Nous laissons aux lecteurs à en juger, et nous nous bornerons à faire remarquer qu'au moins, de cette prodigalité d'un roi bien jugé par son prédécesseur (6), il reste encore un des plus beaux châteaux de France et l'un des plus remarquables de l'Europe.

On attribue généralement au Primatice (7) la conception et l'ordonnance générale du château de Chambord; mais rien, dans les titres et dans les comptes du temps, ne rend cette assertion authentique. On prétend aussi, mais sans preuve, que ce fut un architecte de Blois, dont le nom est inconnu, qui donna le plan de Chambord et le mit à exécution. Cette dernière opinion nous paraît sans aucun fondement; quant à la première, il nous paraît difficile de croire que les dessins de Chambord soient du Primatice. En 1526, lorsque François 1er fit commencer cet édifice, le Primatice était inconnu en France, où il ne vint qu'en 1531; c'était alors le Rosso (8) qui dirigeait toutes les constructions royales, et il avait tellement de crédit à la cour, que François 1er consentit à éloigner de France le Primatice, contre lequel son compatriote avait conçu une jalousie extrême. Peut-on dès lors supposer que le Rosso, sous lequel Chambord fut presque achevé tel que le laissa François 1er, se soit prêté à l'exécution des plans de son rival? Nous croyons plutôt que le Rosso et d'autres artistes italiens, dont il était entouré, conçurent et exécutèrent le plan de Chambord. Plusieurs constructions analogues du même temps et exécutées aux environs par les *gens du roi* (9), sans parler du château de Blois, viennent à l'appui de notre conjecture.

François 1ᵉʳ aimait beaucoup le séjour de Chambord (10), et il avait grand plaisir à y recevoir les princes et les souverains qui venaient en France. C'est ainsi qu'il y fit, en 1539, un accueil magnifique à Charles-Quint. Ce fut à Chambord, si nous en croyons quelques historiens, que le fou de la cour, Triboulet, écrivit sur des tablettes, en apprenant l'invitation que le roi avait adressée au monarque espagnol de traverser la France, que Charles-Quint serait plus fou que lui s'il acceptait. *Mais*, lui dit François 1ᵉʳ, *si je le laisse passer sans lui rien faire, que diras-tu ? — Cela est bien aisé*, reprit Triboulet, *j'effacerai son nom et j'y mettrai le vôtre*. Charles-Quint eut confiance en la loyauté française; il aurait dû l'imiter dans plus d'une occasion de sa turbulente carrière; il admira la construction de Chambord, où il passa quelques jours pour *la délectation de la chasse aux daims, qui étaient là dans un des plus beaux parcs de France, et à très-grande foison*. Ce fut dans un cabinet du même château que François 1ᵉʳ, déjà un peu âgé et poussé à bout par les plaisanteries de Marguerite de Valois, sa sœur, sur une intrigue galante, traça avec le diamant de son anneau sur un panneau de verre ce distique si connu, et qu'on pourrait sans injustice lui appliquer à lui-même :

> Souvent femme varie,
> Mal habile qui s'y fie.

Vers ce temps, quelques appartemens furent décorés de tableaux de Léonard de Vinci, et l'on y commença des fresques que Jean Cousin termina plus tard. Les tableaux furent transférés à Paris sous Louis xv, et il reste à peine quelques traces des fresques. Sur la fin de sa vie, François 1er avait conçu le projet de faire passer la Loire, distante d'une demi-lieue de Chambord, dans le lit du Cosson, et de rendre par là ce château très-fort et susceptible de servir de retraite à la famille royale en cas de revers, les frontières de France n'étant pas alors où elles ont été reculées depuis.

Henri ii continua les travaux de son père à Chambord, mais il ne put faire terminer le bâtiment principal. Son chiffre et celui de Diane furent sculptés en quelques parties intérieures des appartemens, et l'on vit, chose digne de cette époque et des exemples qu'il avait eus sous les yeux, le croissant couronné servir de décoration à la chapelle qu'il fit restaurer. Il ordonna aussi d'entourer de murailles une grande partie du parc (11). En 1552, les députés des princes allemands, ligués contre l'astuce et le despotisme de Charles-Quint, vinrent à Chambord, où fut signé le traité qui procura plus tard à la France la Lorraine, Metz, Toul et Verdun. Quelque temps après les seigneurs de la cour firent sur le gibier du parc l'essai d'arquebuses rendues plus portatives par Dandelot, et dont on commença dès lors à se servir pour la chasse. François II, fils et successeur de Henri II, devait se rendre à Chambord après avoir tenu les états à Orléans, où il mourut.

Charles IX, son frère, s'y rendit plusieurs fois pour chasser, et y composa son traité de vénerie en même temps que Dufouilloux travaillait au sien, suivant un manuscrit de Verrier de la Conterie. Ce roi avait fait continuer les travaux de Henri II, et ils ne cessèrent, en raison des troubles de religion, qu'un an avant la St-Barthélemy, en 1571 (12). Pendant une des excursions de Charles IX à ce château, où il était accompagné de Marie Touchet, qu'il avait visitée en passant, à son château de la *Chapelle de Mixi* (St-Mesmin) (13), il força à course de cheval un cerf dix cors, exploit de vénerie regardé alors comme merveilleux, et célébré par le poète Baïf avec tout le pathos du temps. Catherine de Médicis, pendant sa régence et depuis, s'était très-souvent rendue à Chambord, où elle aimait à faire des courses à cheval, à la chasse et sur le chemin de ce château à celui de Chaumont. Là, dit un des seigneurs de Longueville, accompagnée d'astrologues, elle montait à la *fleur des lys* (le donjon), et consultait *nuictamment les cieux et les estoiles*.

L'architecte Androuet-Ducerceau l'accompagna plusieurs fois à Chambord, ainsi qu'à Blois et à Bury, où elle le chargea de constructions ou embellissemens qui semblent n'avoir eu de rapport qu'aux terrasses et aux jardins.

Henri III vint rarement à Chambord, et Henri IV, dont la passion dominante n'était pas celle de la chasse, préféra prendre ce délassement dans les forêts de Fontainebleau, Compiègne et St-Germain, qui ne l'éloignaient pas de la capitale.

Louis XIII y fit faire quelques travaux sur les dessins de Sertio, et l'on y rapporte de ce prince un trait qui, s'il fait honneur à ses scrupules de bienséance, n'en fait pas autant à sa discrétion. Mademoiselle d'Hautefort ayant caché précipitamment dans son sein, à la vue du roi traversant une des salles des gardes, un billet que le monarque voulait lire, il le tira de sa collerette avec des pincettes, pour ne pas le prendre avec sa main. En 1635 Louis XIII donna à Gaston, son frère, le comté de Blois, et par conséquent Chambord. Mademoiselle de Montpensier, sa fille, y fut conduite très-jeune, et l'on trouve dans ses mémoires un souvenir de jeunesse relatif au principal escalier à double rampe. « Une des plus curieuses et plus « remarquables choses de la maison, c'est le degré « fait d'une manière qu'une personne peut mon- « ter et l'autre descendre sans qu'elles se rencon- « trent, bien qu'elles se voient ; à quoi monsieur « prit plaisir à se jouer d'abord avec moi. Il était « au haut de l'escalier lorsque j'arrivai ; il des- « cendit quand je montai, et riait bien fort « de me voir courir, dans la pensée que j'a- « vais de l'attraper ; j'étais bien aise du plaisir qu'il « prenait, et je le fus encore davantage quand « je l'eus joint. » Le même château vit naître cette passion violente pour le duc de Lauzun, qui fit le tourment de sa vie ; et c'est près de la galerie d'Orléans que, ternissant de son souffle le poli d'une glace de Venise, elle traça avec le doigt le nom de cet amant, qui abusa plus tard cruellement de ce tendre aveu. Gaston étant mort sans successeurs à ses titres, le comté de Blois et ses dépendances retournèrent à la couronne en 1660.

Louis xiv, pendant sa minorité et depuis, y fit des voyages fréquens et y déploya tout le luxe d'une cour où les plaisirs et la somptuosité étaient regardés comme la preuve la plus éclatante de grandeur et de pouvoir. Un théâtre y fut disposé, et tandis qu'une chapelle y était décorée avec luxe pour que le premier aumônier du roi y célébrât les saints mystères, Molière et sa troupe y étaient mandés, et y représentaient *Pourceaugnac*, en 1669, et *le Bourgeois Gentilhomme*, en 1670. L'architecte Mansard y fit, vers le même temps, assure-t-on, le premier essai de ces étages supérieurs qui ont conservé son nom ; mais, assurément, les additions qu'il fit à cet édifice ne semblent pas nés d'un goût bien pur, et sont loin d'être en harmonie avec les constructions primitives.

Bientôt Versailles captiva entièrement l'attention du roi, qui voulait aussi, à l'exemple de François 1er, créer quelque chose d'extraordinaire.

Philippe v, se rendant en Espagne pour y être couronné, passa à Chambord en décembre 1700, accompagné du duc de Bourgogne.

La cour, qui, sous Mazarin, avait pris le chemin de Chambord, se vit encore sur le point de s'y réfugier en 1712, lorsque les succès croissans du prince Eugène portèrent au cœur de la France un effroi que Villars calma par la victoire de Denain. Ainsi le roi qui se fit appeler grand se vit sur le point, aux deux extrémités de sa carrière, d'opposer la Loire comme une barrière à ses ennemis, et de choisir Chambord pour refuge, comme l'avait prévu François 1er.

Le roi et la reine de Pologne acceptèrent de la France, toujours généreuse pour l'infortune, un asile à Chambord, où ils arrivèrent en 1725. Leur bienfaisance et leur popularité ont laissé dans cette contrée, de même qu'en Lorraine, des souvenirs bien préférables à toutes les ruineuses vanités de Louis XIV. Quelques embellissemens eurent lieu au château pendant le temps que Stanislas y demeura, et il présida lui-même à des changemens aux jardins ainsi qu'à des assainissemens utiles.

Louis XV gratifia le maréchal de Saxe du château et des domaines de Chambord comme récompense de ses éminens services. Peu de temps après la prise de Maestricht, qui amena la paix d'Aix-la-Chapelle, le maréchal vint s'y reposer des fatigues de la dernière campagne, où il avait accéléré les progrès de l'hydropisie qui l'avait déjà mis aux portes du tombeau pendant la bataille de Fontenoy. Il avait amené dans sa retraite, outre six pièces de canon prises sur l'ennemi, un régiment de hullans qu'il exerçait chaque jour. Il établit dans le parc un haras dont il s'amusait à visiter les étalons et à faire dresser les jeunes chevaux.

Tout ce que la France possédait alors d'hommes marquans par leur esprit ou leur naissance vinrent à l'envi visiter le guerrier se reposant à l'ombre de lauriers glorieusement gagnés. La troupe de Favart s'y rendit, et contribua à rendre le séjour de Chambord enchanteur. Depuis son arrivée jusqu'au 30 novembre 1750, époque de son décès, le maréchal s'occupa, outre des exercices militaires et des travaux de construction, à revoir le seul ouvrage qu'il ait laissé et dans lequel il s'est peint lui-même (14). Sa sévérité pour la chasse fut extrême, et poussée jusqu'à l'injustice la plus révoltante. Sa force était prodigieuse, et c'est à peu près le seul souvenir qu'il ait laissé dans le pays. Quelques anecdotes qui y sont relatives se sont conservées par tradition; nous en citerons seulement une, consignée dans un recueil imprimé à Blois, comme ayant eu lieu à Chambord (15). Un maréchal-ferrant qui avait suivi son régiment, et s'était établi dans le village, était également d'une force extraordinaire; il ferrait le cheval de bataille; dans ce moment le maréchal passe et prend le fer des mains de l'ouvrier, en lui disant : « Voyons s'il est bien forgé. » Aussitôt il le partage en deux sans beaucoup d'efforts. « Tu vois bien, un tel, ajoute-t-il, que tu me trompes ; mais voici un écu pour que tu en fasses un meilleur. » Le forgeron, sans être déconcerté, reçoit l'écu, l'examine un peu et le rompt en deux, puis, le rendant au maréchal, lui répond : « Monseigneur, votre argent n'est pas de meilleur aloi que mon fer ; qu'en pensez-vous ? » Le maréchal, surpris, le récompensa généreusement, et l'appela souvent près de lui pour *joûter de force de poignet et d'adresse*.

Depuis la mort du dernier homme dont l'illustration jeta sur Chambord un nouvel éclat, il n'a jamais recouvré sa splendeur.

En 1775, le célèbre agronome Rozier proposa d'établir à Chambord une grande école d'agriculture qu'il offrait de diriger sans émolumens. En 1789 il renouvela ses offres à l'assemblée constituante.

Louis XVI, cédant aux instances du duc de Polignac, le lui avait accordé en 1777. Bientôt un nouveau haras fut formé à grands frais, au compte du roi, dans le parc, et des appartemens furent distribués et *meublés à la moderne* dans une partie du château. M. de Polignac en resta gouverneur ou plutôt possesseur jusqu'en 1789.

La haine méritée ou injuste qui existait alors contre cette famille, dont le nom figure si malheureusement dans nos annales depuis le cardinal dont les talens l'illustrèrent, ne contribua pas médiocrement à exciter la fureur dévastatrice qui se manifesta à Chambord en 1792. Tout le mobilier fut vendu à l'encan; les murs et les lambris nouvellement décorés furent mutilés, et portent encore les traces de ce vandalisme si préjudiciable aux arts à cette époque. Néanmoins les sculptures et les nombreuses fleurs-de-lis des caissons de voûte et des sommets des tours furent alors respectées.

Chambord, comme tous les autres domaines de la couronne, fut réuni au domaine national en 1791, et aucune réparation n'y fut ordonnée jusqu'au moment où Bonaparte en fit le chef-lieu de la 15e cohorte de la Légion-d'Honneur. Il fut compris dans les dotations de cet ordre nouveau, par deux arrêtés des consuls, des 13 et 23 messidor an 10.

M. François de Neufchâteau avait soumis, dès le 14 brumaire an 10, à la Société d'Agriculture, qui comptait alors au nombre de ses membres les Thouin, les Parmentier, etc., un projet de colonie agricole dans le parc de Chambord. Il fut plus tard admis à le développer dans le cabinet du premier consul, qui semblait le goûter ; mais au mot de château et de casernes, toute attention cessa pour l'agriculture, et il ne fut plus question que d'établissement militaire.

Le maréchal Augereau, commandant de la 15e cohorte de la Légion-d'Honneur, vint en prendre possession à ce titre ; il fit planter 500 arpens de bois, et exécuter quelques travaux de terrassement pour redresser le cours de la rivière du Cosson dans le parc. En 1818, une partie du château et la chasse du parc furent louées à un lord anglais qui s'y ruina et détruisit presque tout le gibier. Bientôt des dispositions furent prises pour fonder dans une partie des bâtimens une seconde maison d'éducation pour les filles des légionnaires; mais comme on reconnut que Chambord était plus onéreux que productif, un décret impérial du 28 février 1809 autorisa la cession de Chambord au domaine extraordinaire, et la conversion de son prix en rentes au profit de la Légion-d'Honneur.

Peu de mois après, deux décrets, l'un du 15 août, l'autre du 29 décembre 1809, donnèrent au maréchal Berthier, déjà prince de Neuchâtel, Chambord et ses dépendances, comme siége de la principauté de Wagram, instituée pour lui et pour ses descendans, avec une dotation de 600,000 fr. en biens fonds sur des pays conquis et des droits de navigation sur le Rhin. Une des conditions imposées au maréchal Berthier était de rétablir en cinq ans le château tel qu'il était en 1789.

Les événemens politiques qui se succédèrent avec rapidité de 1809 à 1814 ne permirent point au nouveau possesseur de faire des restaurations importantes au château ; il fit construire des bergeries pour des mérinos, réparer les murs du parc, planter des bois, notamment l'allée des Muids, et y dépensa, dit-on, 600,000 francs à faire faire dans le parc quelques plantations, notamment l'allée du Pavillon-des-Muids. Il y vint chasser trois fois, et occupa un appartement disposé à la hâte. Il fit alors regratter les salles des gardes du rez-de-chaussée, et eut la foiblesse de laisser substituer ses armoiries à celles de François Ier sur plusieurs cheminées, tandis qu'il aurait pu les placer aisément ailleurs. Depuis on a eu le tort égal au sien de les effacer sans leur rien substituer (16).

La fin tragique du maréchal, en 1815, rendit son fils possesseur de ses titres et de ses domaines. Mad. de Wagram, sa mère, ne retirant de Chambord que 25 à 30,000 fr., sollicita et obtint, le 19 août 1819, la permission de vendre cette propriété pour en placer le prix en rentes sur l'état, qui devaient lui former un revenu d'au moins 120,000 fr. Ainsi

Chambord, donné deux fois comme récompense militaire, fut aliéné deux fois par ses propriétaires à titre gratuit, pour grever l'état du montant de sa vente.

Déjà divers spéculateurs de matériaux et de morcellemens se disputaient cette proie et allaient s'en saisir, lorsqu'on proposa d'ouvrir en France une souscription volontaire pour en faire l'achat, et l'offrir au duc de Bordeaux qui venait de naître. Cette idée, qui sauva de la destruction un des plus beaux monumens de France, fut conçue et proposée par M. le comte de Calonne le 2 août 1820. L'organisation d'une commission qui compta de suite dans son sein des pairs et des députés, eut lieu le 30 novembre suivant, et elle adressa au Roi une demande d'autorisation qui lui fut accordée à la fin de décembre de la même année.

Enfin Chambord fut acquis, au nom du duc de Bordeaux, le 5 mars 1821, moyennant 1,542,000 fr. sans les frais, payables en deux années en quatre termes.

Le 18 juin 1828, Mad. la duchesse de Berry vint prendre possession de Chambord au nom de son fils (17), et grava sur la pierre du grand escalier son nom et la date de sa visite.

Elle posa la première pierre de restauration à la terrasse de l'oratoire de la reine, et une médaille frappée à cette occasion lui fut remise par l'auteur, M. Desbœufs. Elle se rendit à la fontaine Caroline, élevée le 31 août 1822 en son honneur dans un des lieux du parc où le château se présente sous un des plus beaux aspects.

Quelques appartemens avaient été décorés pour la recevoir, et des vers placés dans les lieux les plus dignes d'être remarqués.

Chambord, qui avait été administré, au nom de la commission, par M. le marquis d'Herbouville, fut accepté solennellement par le roi Charles X le 7 février 1830 pour le duc de Bordeaux. La commission fut alors dissoute, et le roi confia la conservation de ce bel édifice à M. le comte de Calonne, ainsi que la régie des domaines à M. Bourcier, sous la surveillance de M. le comte de la Bouillerie, chargé de l'administration supérieure. Cette administration a continué les améliorations commencées tant dans l'intérêt des domaines que dans celui des habitans du village, et nous sommes personnellement redevable à MM. de Calonne et Bourcier de renseignemens précieux fournis avec beaucoup d'obligeance sur cette magnifique habitation de nos rois.

Depuis le mois de juillet 1830, Chambord est administré par M. de Calonne, au nom du conseil de famille du prince mineur.

L'extérieur du château avait été respecté en 1793; il n'en a pas été de même malheureusement en 1830. Sur l'ordre de l'autorité supérieure, et sans doute dans la crainte de plus grands désastres, on a été obligé de supprimer deux des côtés de l'énorme fleur-de-lis qui surmonte le grand escalier, et l'H qui était sur la tour dite de Henri V.

Jadis Chambord offrait à peine aux voyageurs un abri convenable pour quelques heures (18). On y trouve aujourd'hui, sous le patronage du Grand-Saint-Michel, une hôtellerie récemment agrandie, très-bien tenue; on peut s'y reposer aussi agréablement que dans une grande ville des fatigues du voyage, et même y séjourner quelques temps pour parcourir les environs, qui ne sont pas sans intérêt.

DESCRIPTION.

Un parc immense environne le château; son étendue est de 5,407 hectares 41 ares 65 centiares, environnés de murs élevés, solidement construits, et qui forment une ceinture de huit lieues de tour. Il contient, outre la rivière du Cosson, qui le traverse de l'est à l'ouest, quatorze étangs, un village de quatre à cinq cents âmes, et vingt-deux fermes plus ou moins grandes, dont onze seulement existent aujourd'hui. Les terres du surplus ont été plantées en bois dont l'étendue, qui était, sous le maréchal Berthier, de 2,313 hectares 55 ares 37 centiares, est devenue plus considérable par ces additions.

Ce parc, uniquement destiné à la chasse, n'offre aucune percée agréable, aucun bosquet, et jadis même aucune allée d'arbres, si ce n'est l'allée royale, qui a près de deux lieues; celles qu'on a faites depuis ont été plantées par le maréchal Berthier et par la commission (19). Partout la nature s'y présente sous des formes agrestes, sauvages, et qui ne sont pourtant pas sans attrait; des bois médiocres (20), des marais, de mauvais prés, des pâtures et des bruyères favorisent la propagation de gibier de toute espèce; aussi il y en avait en abondance. Néanmoins il s'y trouve d'assez bons terrains, et des travaux agricoles bien entendus, bien dirigés, changeraient totalement ce parc. Six portes, auprès desquelles se trouve un pavillon destiné au logement du garde-chasse, chargé de les fermer chaque soir, donnent accès dans cet immense enclos.

Lorsqu'on arrive par l'allée de St-Dié ou par celle des Muids, on aperçoit de leur point de réunion la masse imposante et pittoresque du château et du village, qui n'en est séparé que par la route qui conduit à l'entrée principale.

Cette façade du château est celle où son développement est le plus complet; des fossés secs (21) bornent sa terrasse, et un jardin qui ne *respond en façon quelconque à la magnificence des bâtimens*, suivant les expressions de Ducerceau, s'étend jusque sur le bord d'un canal assez large, formé par le Cosson, dont les eaux sont passablement belles dans cet endroit.

Le chemin qui vient de Bracieux conduit directement à la cour d'honneur et à l'entrée principale du château. Cette façade serait assurément aussi belle que l'autre, si elle n'était pas masquée presque entièrement par des écuries qu'on eut la maladresse de construire en avant, pour fermer la cour intérieure, sous Louis XIII. Il serait convenable de les enlever et de les remplacer par une belle grille.

C'était à cette entrée que se trouvaient placés les canons du maréchal de Saxe; non loin de là étaient les casernes que Louis XV fit élever pour les huilans et les dragons du maréchal.

La partie du château qui fait face au village n'offre rien d'intéressant, et l'autre partie opposée n'a jamais été terminée. Les cuisines et quelques portions des communs sont totalement en ruine.

Quant au château proprement dit, il est formé d'un carré intérieur flanqué de quatre grosses tours principales à ses quatre angles, et décoré au milieu d'un couronnement d'escalier de forme pyramidale, du plus gracieux aspect. Une cour vaste le sépare d'autres bâtimens bien moins élevés, que les architectes de François 1er ont terminés en terrasses à droite et à gauche. Ces bâtimens forment aussi, depuis Louis XIII, un carré terminé à ses quatre angles par quatre grosses tours. Du côté de St - Dié le carré intérieur ou du donjon, ainsi que le désigne Ducerceau, se trouve sur la même ligne que les autres bâtimens ou ailes, avec lesquels il compose la façade dont nous avons parlé d'abord.

Les bâtimens qui environnent ce que nous appellerons le donjon avec Ducerceau, offrent peu d'intérêt comparativement avec la disposition et les ornemens de celui-ci. Nous emprunterons à cet habile architecte une portion de la description de l'intérieur, qui n'a guère changé. « La commo-
« dité du dedans, dit-il, a esté ordonnée avec
« raison et sçavoir, car au milieu est un escalier
« à deux montées, percé à jour, et entour d'i-
« celuy quatre salles, desquelles l'on va de l'une
« à l'autre en le circuissant. Aux quatre encoi-
« gnures d'entre chaque salle y a un pavillon
« garny de chambre, garde-robbe, cabinet et
« montée. Plus, ès quatre coins de la masse de
« tout le bâtiment, se voyent quatre grosses
« tours garnies à chascun estage de toutes com-
« modités, comme chambre, garde-robbe, pri-

« vés, cabinets, montée. Cet édifice a trois esta-
« ges sans le galetas estant aux quatre pavillons
« et ès quatre tours. Les quatre salles du troi-
« sième estage sont voûtées, sur lesquelles il y
« a quatre terrasses régnantes à l'entour l'escalier
« ainsi que les salles. Quant à l'escalier, il règne
« en haulteur au-dessus d'icelles, etc. » On
voit d'après cela que le carré formé par le bâtiment principal est partagé intérieurement à ses
trois principaux étages par quatre vastes salles,
dites des gardes, qui forment une croix à bran-
ches égales venant aboutir à l'escalier remarquable qui occupe le centre du bâtiment. Les es-
paces qui se trouvent entre chaque grande salle,
ainsi que les tours d'environ soixante pieds de
diamètre, sont occupés par des appartemens.
On voit aux voûtes des salles des gardes des caissons ornés de salamandres et d'F couronnées, de-
vises et chiffres de François 1er. Ces ornemens
sont répétés dans les diverses parties du château avec une profusion qui nuit un peu à leur
effet (22).

Au bas du grand escalier, dans l'antichambre,
le maréchal de Saxe avait placé seize drapeaux et
étendards disposés en trophées et surmontés de
deux paires de timbales, le tout pris sur l'ennemi.
Cet escalier est l'unique en ce genre qui ait été
construit de cette dimension et avec ce soin (23).

Il est rond d'environ trente pieds de diamètre et à double vis. Deux rampes dont les marches tournent les unes au-dessus des autres autour du noyau, aboutissent l'une à droite, l'autre à gauche, à un pallier particulier, de telle sorte que plusieurs personnes peuvent monter de leur côté et arriver aux étages supérieurs sans se voir ni se rencontrer, comme le dit mademoiselle de Montpensier, dont nous avons cité les propres expressions. Au-dessus du troisième étage, les salles des gardes sont remplacées par des terrasses de même forme qu'elles. Sur ces terrasses naissent des escaliers; ils servent aux étages supérieurs des bâtimens qui continuent à s'élever entre ces terrasses, de même qu'ils s'élèvent entre les salles. C'est là aussi que commence le couronnement à jour du grand escalier. Sa forme en pyramide, de près de cent pieds d'élévation, est admirable, et l'un des plus beaux, des plus hardis travaux d'architecture de cette époque, féconde en constructions élégantes. Huit arcades accompagnées de colonnes et de pilastres de vingt-quatre pieds de hauteur forment sa base. Huit niches se trouvent dans les trumeaux des huit arcades, et contribuent à augmenter la richesse de cette décoration, ainsi que la voûte de l'escalier, ornée de caissons. Par-dessus la colonnade s'élève une jolie balustrade bordant la terrasse d'un belvéder. La partie supérieure de la cage de l'escalier est appuyée sur huit arcs-boutans dont les extrémités ou amortissemens sont ornés de salamandres et d'F, et qui s'élèvent au-dessus des pieds droits des arcades. Dans l'intérieur de la cage est pratiqué un autre petit escalier à noyau qui commence à quinze marches au-dessus des terrasses. Le tout est terminé par un lanternin découpé, d'un travail étonnant, et sur la sommité duquel se trouvait la grosse fleur-de-lis récemment brisée, dont nous avons regretté la perte comme dégradant le monument, et difficile à réparer (24).

D'autres escaliers à vis existent de fond en comble dans chaque tour. Aux angles de la cour sont, en outre, de très-jolis escaliers à vis découpés à jour et couronnés d'une campanille. Ces escaliers se trouvent dans les galeries qui communiquent aux ailes des bâtimens.

La tour de l'est ou d'Orléans, attenant à la galerie, contient, au premier étage, l'oratoire de la reine de Pologne. Ce local formait le cabinet particulier de François 1er, et faisait aussi partie des appartemens qu'occupa Catherine de Médicis. Sa voûte en plein cintre est décorée de caissons bien conservés où sont sculptées, avec beaucoup de soin, des salamandres et des F couronnées. La tour de l'aile droite contient la grande chapelle, décorée intérieurement de trente-deux colonnes accouplées supportant neuf arcs doublaux sur lesquels la voûte vient s'appuyer. Les F et les salamandres sont les ornemens des chapiteaux des colonnes. Les murs de face représentent des croisées feintes avec des pilastres dont les chapiteaux portent les emblèmes de Diane de Poitiers, un croissant couronné. Cette chapelle est dans un bel état de conservation pour les sculptures, car rien n'y indique aujourd'hui sa première destination.

L'une des tours du côté de l'ouest, qui porte le nom de Henri v, est celle de l'horloge; le mécanisme en est, dit-on, soigneusement fait; le timbre en est assez fort; le clocheton qui l'abrite, ainsi que plusieurs autres, ont été récemment réparés et doublés extérieurement en plomb.

La superficie des bâtimens du château contient 2 hectares 34 ares 95 centiares, les parterres et jardins 5 hectares 94 ares 23 centiares, les casernes 97 ares 12 centiares, la place d'armes et la cour d'honneur 3 hectares 30 ares 45 centiares, ce qui forme, pour le château et ses accessoires, la totalité de 12 hectares 56 ares 75 centiares. On compte dans les bâtimens treize escaliers, tous en pierres, plus ou moins décorés, mais tous supérieurement construits avec des marches d'une seule pierre. Le nombre des cénacles qu'ils renferment est de quatre cent quarante. Un nombre considérable de clochetons et de cheminées (400), avec sculptures, entablemens et couronnemens très-riches, représentent de dessus les terrasses et de quelques points de vue du dehors, comme une forêt d'ornemens pyramidaux variés qui étonnent et satisfont la vue. Des pilastres de quinze pieds en quinze pieds, avec entablemens et piédestaux incrustés, ainsi que toutes les parties du bâtiment, de tablettes d'ardoise taillées en rond et en losange, forment la décoration générale du monument, dont aucune description ne peut rendre l'effet. Ces placages noirs sur le blanc bien conservé de la pierre de bourrée de Montrichard, employée à la construction, forment un contraste singulier, mais ajoutent à la tristesse que ce lieu, maintenant solitaire, inspire.

A l'intérieur, excepté la chapelle, les voûtes des salles des gardes, le grand escalier, celui des cariatides où se trouvent les bustes de François 1er, Henri II et Diane de Poitiers, l'oratoire de la reine de Pologne dont nous avons parlé, rien n'attire l'attention; partout la nudité la plus complète. Les appartemens qu'occupèrent François 1er et Louis XIV, distingués par des F couronnées et des soleils; ceux de Catherine, de Charles IX, de Henri II, de Stanislas, du maréchal de Saxe, sont dans le délabrement le plus complet; à peine s'il reste quelques panneaux de verre aux bois brisés et vermoulus des croisées. Dans la portion habitée en dernier lieu par M. de Polignac, on remarque quelques fenêtres à grands carreaux. Çà et là se rencontrent aussi quelques beaux chambranles de cheminées en marbres précieux; enfin on y voit la balustrade dédorée et à moitié brisée du lit du maréchal de Saxe, et l'on y montre la table sur laquelle eut lieu l'autopsie de son corps.

Une somme très-forte serait nécessaire pour fermer les appartemens ouverts à tous les vents; mais, en attendant, on pourrait au moins en clore une partie des moins utiles au jour intérieur, ne fût-ce qu'en briques sur champ, pour éviter les dégradations produites par les intempéries et les bourrasques. Des réparations ont été faites à la toiture, aux terrasses, aux galeries, et quoique les pluies y produisent maintenant moins de ravages, néanmoins ces travaux sont insuffisans; quelques parties souffrent encore, et un entretien journalier est indispensable pour éviter la destruction d'une pierre solide, mais que l'humidité altère sensiblement.

En examinant avec attention la disposition intérieure du bâtiment principal, on reconnaîtra avec nous la difficulté de le rendre propre à une habitation somptueuse et commode d'après nos usages et nos habitudes actuels; ce n'est point assurément une raison pour l'abandonner, comme on l'a trop souvent proposé, mais pour y faire des réparations qui tendent à l'approprier le plus possible aux besoins du jour. Des plans existent à cet égard; citer le nom de M. Percier, c'est en faire l'éloge (25); cependant ils laissent encore à désirer, et si le gouvernement consacrait des fonds à la conservation de ce bel édifice, il ne pourrait s'entourer de trop d'avis d'hommes de l'art pour atteindre un but bien difficile à obtenir, celui de réparer et de distribuer à la moderne sans nuire aux conceptions primitives.

MOYENS D'UTILISER CHAMBORD ET SES DOMAINES.

Ce n'est assurément qu'en tremblant qu'on peut hasarder, après les Rozier, les François de Neufchâteau, une opinion sur le parti le plus avantageux et le plus digne d'une grande nation qu'on peut tirer aujourd'hui de Chambord et de ses dépendances. Néanmoins nous le ferons avec cette franchise que donnent la conviction et le désintéressement. MM. Rozier et François ont présenté, dans des temps différens, des projets dont plusieurs parties, peut-être bonnes alors, seraient maintenant inapplicables. Leurs projets et leurs réflexions éclairées, dont nous avons déjà parlé, sont consignés dans le *Dictionnaire-pratique d'agriculture*, 1er vol., Paris, 1827, où on les consultera toujours avec fruit.

M. Rozier avait proposé un établissement agricole qu'il aurait dirigé gratis, et où les ecclésiastiques auraient joué le premier rôle; c'était sans doute une réminiscence des établissemens du Paraguay; cependant son projet avait un bon côté qui serait encore utile de nos jours, celui de procurer aux campagnes des pasteurs instruits en agriculture. Une autre idée, bien plus philanthropique et encore opportune, était d'adoucir le sort des malheureux enfans trouvés. M. François demandait une aliénation du domaine à son profit, à des conditions sans doute très-acceptables; mais alors le gouvernement se serait dessaisi, comme il l'a fait à tort depuis, d'un édifice qui n'aurait jamais dû être aliéné. Au milieu de ces projets agricoles où une éblouissante théorie se trouve trop souvent jointe à une pratique douteuse, ne serait-il pas possible en ce moment, où ils ont néanmoins produit ces fermes modèles dont les avantages sont reconnus incontestables, d'en établir une sur une grande échelle à Chambord?

Les fermes modèles qui existent sont placées généralement dans des terrains fertiles où les améliorations et les essais sont sans doute très-profitables, mais aussi plus faciles et servent à faire faire de grands pas à une agriculture déjà florissante. C'est un bienfait précieux, sans doute, mais un plus grand encore serait de démontrer à une population qui s'accroît les moyens de tirer parti des plus mauvais terrains. La Sologne, où est situé Chambord, pays jadis évidemment très-habité et très-cultivé, se trouve, depuis long-temps, pour ainsi dire sans population, sans industrie, avec une agriculture de routine et peu productive. Elle recevrait comme un grand bienfait un établissement de cette nature sur son sol.

Chambord est, sans contredit, le lieu de ces contrées le plus propre à une institution modèle d'agriculture. Son parc est environné de murs qui offrent, dans beaucoup de parties, la facilité d'essais horticoles à peu près inconnus dans le pays, et qui y produiraient les meilleurs effets pour la santé des habitans, qui généralement manquent, par insouciance, de bons fruits et de boissons saines. On y trouve des terrains de la nature de tous ceux qu'on rencontre dans la Sologne orléanaise et dans la Sologne blaisoise, au centre desquelles il est placé; des portions sèches et arides, d'autres basses et marécageuses ; des parties très-bonnes, de passables, de mauvaises enfin. Cette diversité, qui ne se rencontre pas dans toutes les localités, avec la facilité de culture d'un sol peu *penté*, donnerait lieu à des travaux très-variés et très-profitables à l'instruction des élèves. Les habiles agronomes qui se sont occupés de Chambord ont pensé qu'un assolement et des assainissemens bien entendus produiraient d'excellens résultats et tripleraient le produit de ce domaine. Nous partageons entièrement leur sentiment à cet égard. De semblables améliorations, faites sous les yeux des apathiques habitans du pays, les tireraient de l'engourdissement que la commission a déjà cherché à vaincre, et les forceraient à adopter les pratiques d'une école qu'ils verraient prospérer.

Le gouvernement garderait le bâtiment du donjon et y ferait les réparations nécessaires pour sa conservation comme monument remarquable du règne de François 1er ; il servirait de palais au souverain lorsqu'il visiterait cet établissement national ; le surplus serait aisément approprié aux besoins de l'institution agricole, ses débouchés et ceux de la localité seraient facilités par des travaux appliqués à la navigation du Cosson.

Là pourraient être accueillis, suivant l'excellente proposition de l'abbé Rozier, tous les enfans trouvés qu'on pourrait y recevoir successivement, et dont on s'est, jusqu'ici, trop peu occupé en France. Des terres acquises à vil prix aux environs, avec les retenues qu'on opérerait sur leur salaire journalier ou qu'on leur affermerait, donneraient à ceux qui s'en montreraient dignes un état, une existence sociale qui leur manque, et en fait des espèces d'ilotes, sans intérêt pour la prospérité ou les revers de la patrie.

En l'an 10, à peu près comme aujourd'hui, le domaine de Chambord produisait à peine de quoi subvenir à son entretien, en le supposant réparé à neuf, et à ses impôts (25), qui, quoique bien modiques, étaient encore regardés comme trop élevés relativement à ses revenus. Cet état de choses changerait totalement, et nous avons l'espoir bien fondé de voir alors les récoltes de ce grand domaine plus que triplées en tous genres.

Nous ne pouvons terminer ce mémoire, dans les circonstances présentes, sans émettre le vœu que le gouvernement mette à exécution, le plus prochainement possible, le projet que nous proposons, en commençant son exécution par une colonie de ces guerriers polonais dont le sort a trahi le courage, et que la France accueille avec tant d'intérêt. Chambord deviendrait ainsi la retraite, l'asile de l'infortune et de la valeur.

Ce serait un moyen utile et noble de venir au secours de ces illustres exilés, que de les appeler à faire fleurir dans nos contrées le premier de tous les états, l'agriculture, et de les mettre à même de puiser des connaissances précieuses et peut-être profitables plus tard à leur propre patrie.

Il nous est impossible de nous livrer ici à tous les développemens de détail, et de présenter tous les avantages subsidiaires qui résulteraient de l'adoption de semblables projets; mais nous sommes assuré que tous les propriétaires éclairés de la Sologne blaisoise et orléanaise, si étendue, applaudiraient à son exécution. Ils s'empresseraient d'en aider la réussite de tous leurs moyens, et il n'est pas un bon citoyen qui ne partage nos vœux pour la restauration, la conservation d'un aussi bel édifice, ainsi que pour la destination de ses dépendances, dans l'intérêt général et dans celui particulier d'une vaste contrée qui mérite toute la sollicitude, tous les encouragemens du gouvernement.

NOTES.

(1) Davity, *Description générale de l'Europe.* — Le Rouge, *Descript. du château de Chambord*, en 14 feuilles, 1751.

(2) Ce bas-relief remarquable représente saint Martin à cheval, coupant en deux son manteau, pour en donner la moitié à un pauvre à jambe de bois et à béquille, dont la pose et les détails sont bien étudiés et très-bien rendus. Cette sculpture est au-dessus de la porte de l'église de ce petit village, et est attribué à Michel Bourdin, auteur du tombeau de Louis XI et d'une belle vierge de la cathédrale d'Orléans.

(3) Cette abbaye, dont il reste peu de traces, était à trois lieues à l'ouest de Blois, non loin du beau château royal de Bury, également en ruine, et qu'on ne connaît plus que par les dessins de Ducerceau. Cette abbaye servait, depuis cette époque, de lieu de sépulture aux comtes de Blois. Les protestans violèrent ces tombeaux en 1565; ce qui en restait fut dévasté en 1792. Néanmoins deux de ces tombes existent encore à la Guiche, où elles ont été replacées: ce sont celles de Jehan et de Guy de Châtillon. Les frais de sépulture du premier de ces seigneurs avaient coûté 35,000 livres, somme incroyable pour cette époque.

(4) Des dépenses trouvées aux archives du duché d'Orléans, relativement à un rendez-vous de chasse

près de Blois, donneraient lieu de présumer que Louis XII, étant duc d'Orléans, aurait fait faire quelques constructions à l'ancien Chambord.

(5) Les maçons étaient payés 3 sous 2 deniers par jour, les charpentiers 4 s. 2 d. Les chapiteaux délicats et si soigneusement sculptés et évidés coûtaient 27 s. pièce à travailler. Un charroi à trois chevaux valait 15 s. Des vitraux carrés et losanges, de 2 à 3 pieds, sont portés à 10 deniers dans les comptes de la même époque.

(6) Louis XII, le meilleur des rois de France, le plus économe des deniers de son peuple, prévit les fautes de son successeur. On connaît sa prédiction sur François Ier : *Ce gros garçon-là gâtera tout.*

(7) François Primaticcio, peintre et architecte, né à Bologne en 1490, fut appelé en France par François Ier pour diriger les travaux d'embellissement du château de Fontainebleau. Il donna le plan du château de Meudon, et mourut à Paris, comblé de faveurs et de richesses par François Ier, Henri II et François II.

(8) Le Rosso (Maître Roux), peintre célèbre du 16e siècle, avait été attiré en France par François Ier, qui lui donna de fortes pensions, un canonicat à Notre-Dame, et la surintendance de toutes les constructions du temps. Lorsque François Ier appela le Primatice dans sa capitale, Maître Roux parvint à le faire éloigner, sous le prétexte d'une mission pour rechercher en Italie des statues dont les copies ornèrent ensuite le palais de Fontainebleau. Le Primatice, qui n'avait fait que paraître en France en 1531, n'y revint qu'en 1541, après la mort de son rival, qui s'empoisonna, dit-on, par excès de jalousie contre lui.

(9) Le château de Cornay, dans la plaine de ce nom, auprès d'Orléans, avait été bâti vers 1520 par la veuve de Pierre Briçonnet, frère du cardinal de ce nom. Ce dernier présida à cette construction, aidé des *gens du roi qui allaient travailler non loin de là*. En 1540, on bâtit à Orléans une maison très-remarquable qui subsiste encore, et paraît avoir été décorée, *des deniers du roi*, pour Anne de Tisseleu, mademoiselle du Heilly, duchesse d'Étampes. Ces deux bâtimens ont beaucoup d'analogie, pour la disposition et les ornemens, avec Chambord. On remarquait, dans le dernier, des armoiries et des salamandres absolument semblables à celles de Chambord (voir *l'Album du département du Loiret*).

(10) Ce fut vers cette époque (1530) que le cardinal de Longueville fit disposer des appartemens dans la grosse tour du château de Beaugency, pour y être à portée de voir souvent le roi pendant ses séjours à Chambord ; mais le cardinal mourut avant de les avoir habités.

(11) La toise de cette clôture fut payée 35 sous.

(12) De 1547 à 1571 on dépensa à Chambord, 91,008 liv. 6 s. 5 d., ce qui, joint aux 444,570 liv. 6 s. 4 d. payés par François 1er, forme un total de 535, 578 liv. 12 s. 9 d. tournois.

(13) Les armoiries de la famille Touchet existaient encore en 1786 au château de la Chapelle. Lorsqu'on le restaura en 1789, on y remarquait encore celles du roi à une des portes du jardin. Mlle Raucourt posséda ce château jusqu'à sa mort.

(14) *Mes Rêveries*, 5 vol. in-4º. figures. 1757.

(15) Cette anecdote est aussi racontée dans plusieurs

écrits, comme étant arrivée dans un village d'Allemagne. Le fait qui suit est plus constant et moins connu. Le maréchal s'amusait à arrêter au passage un des jeunes chevaux à peu près sauvages qu'il élevait dans le parc, et à l'arrêter court en le saisissant par le cou, quelle que fût la rapidité de sa course.

(16) Rien n'est aussi digne de blâme et de ridicule que la manie de substituer ainsi ses armoiries à celles de ses devanciers sur des monumens ou des bâtimens. N'est-il pas cent fois préférable, si on éprouve le besoin de les y faire placer, de les mettre dans un autre lieu? Par ce moyen on transmet aux générations qui suivent des renseignemens quelquefois précieux, au lieu de détruire ceux qui existent.

(17) La réception de la duchesse de Berry à Chambord a été publiée avec tous ses détails, aux frais de la commission, dans un cahier in-4º de 55 pages, imprimé en 1828, chez Trouvé, à Paris. Les vers suivans, extraits d'une *Matinée de printemps*, par M. Gaudeau, régent de rhétorique au collége de Blois, servent d'avant-propos à ce recueil.

> Salut, palais des rois, somptueux édifice
> Que le goût de François et l'art du Primatice
> Elevèrent ici, quand les arts renaissans
> En France préludaient à leurs succès brillans!
> Salut, vainqueur du temps, des fureurs du Vandale,
> Tous deux ont respecté ta pompe triomphale!
> Nous les verrons encor, ces magiques arceaux,
> Ces supports si légers de gothiques vitraux;
> Sur de frêles appuis ces masses suspendues,
> Ces tours qui si long-temps ont défié les nues,

Ces habitans du feu, symboles amoureux,
Reproduisant partout leurs emblèmes fameux;
Ces hautes sommités en angles terminées,
Ces cordons prolongés, ces lignes festonnées;
L'arrêt est révoqué : le marteau destructeur
S'est échappé des mains du froid calculateur.

. . . .

(18) La population du village n'était que de 250 habitans peu aisés. La commission, en donnant à chaque maison un peu de terre, a vivifié le bourg, qui compte aujourd'hui de 4 à 500 âmes. L'eau y était de mauvaise qualité, la réparation de la fontaine Caroline en a procuré de très-salubre, et a fait disparaître les fièvres qui régnaient dans cette localité.

Des réparations ont été faites au château pour des sommes importantes; les 32,000 mètres de murs du parc ont été réparés, et coûtent annuellement 1,400 fr. d'entretien. Des allées ont été percées, des fossés d'assainissement ouverts et réparés.

Enfin il a été dépensé par la commission jusqu'en 1829, en réparations au château, aux maisons du village, des fermiers et des gardes, ainsi qu'aux murs du parc. 85,974 14
En défrichemens, labours, plantations, fossés, etc. 53,822 95
En semis, plantations, pépinières. . . . 38,003 39

      Total. . . . 177,800 48

Tous les produits du domaine sont employés sur les lieux, et le revenu total, qui peut être évalué maintenant à 60,000, fr., savoir, 40,000 fr. des bois, et 20,000 fr. des cultures, offre l'espérance d'être élevé d'ici à une douzaine d'années à ce qu'il nous a été assuré, à 100,000 fr.

(19) Le maréchal a planté l'allée des Muids, d'une lieue et demie de longueur; la commission a planté une allée d'une lieue et un quart, et environ mille arpens de bois dont 300 en sapins; elle a aménagé les bois.

(20) En 1729 on mit les bois de Chambord en coupes réglées de 100 arpens. C'était une très-mauvaise opération. Ces bois, âgés de 200 ans et plus, étaient couronnés, et leurs souches n'ont jamais pu rien produire de bon; plusieurs même sont restées éteintes.

(21) Le roi Stanislas, entre autres assainissemens, fit combler ces fossés dont les eaux stagnantes baignaient le pied du château.

(22) Dans aucune partie du château, soit intérieure soit extérieure, on ne voit de ces arabesques singuliers, bizarres même, et pourtant si gracieux, aux chapiteaux des colonnes, aux pilastres, aux plates-bandes, qu'on rencontre dans divers bâtimens de la même époque, et notamment à Orléans. Il semble qu'on ait voulu élever un château élégant dans son ensemble, simple, mais pourtant étudié dans sa décoration, et tout à François 1er. Il faut dire aussi que ce serait à tort qu'on regarderait les arabesques et chapiteaux, dont nous avons parlé, comme types de constructions de la renaissance, si on la fixait injustement et exclusivement au règne de François 1er. Ce goût était antérieur; il prit alors seulement plus de développement. Une maison de la rue du Tabourg à Orléans, dite d'Agnès Sorel, authentiquement décorée du temps de la tenue des états sous Charles VII,

présente une galerie avec caissons et colonnes d'un travail et d'un fini admirables ; elle semble avoir servi de type à une autre maison de la rue de Recouvrance, dite de François 1er, et portant, du reste, la salamandre et la date de 1540. L'hôtel de ville d'Orléans (musée), construit sous Louis XII, en est une seconde preuve, car l'hôtel de ville de Beaugency, décoré plus tard sous François 1er par un architecte d'Orléans nommé Viant, est une copie sur une plus petite échelle de celui d'Orléans ; l'on y remarque les mêmes arabesques, le même entablement. Les sculptures du château de Cornay, dont nous avons déjà parlé, étaient aussi une imitation de celles que nous avons signalées à la maison d'Agnès Sorel. Nous avons choisi exprès ces exemples dans la même localité ; il eût été facile d'en trouver ailleurs d'analogues, comme la maison de Jacques-Cœur à Bourges, etc.

(23) Piganiol de la Force cite un escalier de même structure, mais moins bien construit, vers le milieu du 14e siècle, dans l'église de l'ancien couvent des Bernardins de Paris.

(24) Goujon, Pilon, P. Bontems, sont les artistes distingués qui ont été le plus particulièrement chargés des décorations du château.

(25) M. Pinault, architecte à Blois, chargé des restaurations, avait présenté à Mme la duchesse de Berry un plan dont nous avons entendu faire l'éloge, et un devis dont le chiffre s'élevait à 179,000 fr.

(26) D'après les comptes établis par M. François de Neufchâteau sur des documens authentiques, le revenu net de l'hectare était de 3 francs, de même

que l'impôt. Il est certain que des améliorations et un assolement approprié à la localité pouvaient porter le produit jusqu'à 10 francs par hectare l'un dans l'autre, et même au-delà, avec des bras, des bestiaux et par conséquent des engrais suffisans.

Voir sur Chambord, Paul Louis Courier, simple discours sur l'acquisition de ce Chateau proposé par le ministre de l'Intérieur en 1821.

Pamphlets Politiques & littéraires de Paul Louis Courier, Tom 1er page 152 Édition de 18..

CHAMBORD.

RAPPORT

SUR LE MÉMOIRE PRÉCÉDENT,

Présenté à la Société des Sciences d'Orléans dans sa séance du 16 mars 1832,

Par M. Verdier, propriétaire agronome.

Messieurs,

Le domaine de Chambord, dont la possession est aujourd'hui comme suspendue et incertaine, est devenu pour M. Vergnaud-Romagnési, notre laborieux collègue, l'objet d'un mémoire qu'il vous a récemment présenté.

L'attention soutenue que vous avez portée, lorsque l'auteur vous en a lui-même donné lecture, a été pour nous une preuve que son ouvrage vous avait inspiré beaucoup d'intérêt.

C'est aussi le sentiment que votre commission a éprouvé, messieurs, lorsque, s'occupant de la tâche qu'elle était chargée de remplir, elle s'est appesantie, avec tout le soin dont elle est susceptible, sur le mémoire que vous avez renvoyé au rapport qu'elle vous soumet aujourd'hui.

Après avoir rappelé que les divers écrits qui ont été, à différentes époques, publiés sur

Chambord, sont généralement incomplets, épuisés ou peu lus à cause de leur aridité ou de leur style, M. Vergnaud-Romagnési a divisé son ouvrage en trois parties distinctes.

Dans la première il a traité de l'histoire de Chambord, c'est-à-dire de sa position, de son origine, des différentes époques et des différens auteurs de la construction du château, de la possession qui en été accordée successivement, soit au roi et à la reine de Pologne, comme un asile à leur infortune, soit au maréchal de Saxe et au prince de Wagram, comme récompense militaire, etc. Cette première partie, où se trouve ainsi présentée, avec ordre et clarté, la nomenclature de tous les rois et princes qui ont été propriétaires de Chambord depuis le 10e siècle, et dans laquelle l'auteur a placé diverses anecdotes qui y ont rapport, est terminée par la relation des circonstances et des moyens qui ont placé cette belle propriété entre les mains du duc de Bordeaux, et de l'état de litige dans lequel elle se trouve aujourd'hui par l'effet des événemens politiques.

Tout en reconnaissant qu'à la rigueur la première partie du mémoire de M. Vergnaud aurait pu être plus abrégée, en ce sens qu'elle pourrait se passer des diverses anecdotes dont nous venons de parler, la majorité de votre commission a pensé qu'elles n'étaient nullement déplacées dans un ouvrage présenté comme une histoire complète de Chambord, dont elles rompent agréablement la monotonie chronologique.

La seconde partie contient la description du parc et du château de Chambord, ainsi que des cours, jardins et bâtimens qui en dépendent.

Le soin que l'auteur a pris de se transporter plusieurs fois sur les lieux l'a mis à même de faire cette description avec exactitude; et, malgré la difficulté qu'elle a dû présenter, elle est telle que le lecteur peut très-aisément saisir l'ensemble du beau monument qu'il a tracé. Toutefois on aurait désiré, pour le rendre encore plus sensible, qu'une lithographie fût jointe à son travail, qui, sous le rapport descriptif, a également obtenu les éloges de votre commission.

Dans la troisième et dernière partie de cet important travail, M. Vergnaud a rapidement examiné quels moyens on devrait employer pour utiliser Chambord et ses dépendances. Il a rappelé avec raison les propositions faites autrefois, d'abord par le célèbre agronome Rozier, dont l'intention était de former dans cette propriété un établissement agricole où les ecclésiastiques auraient principalement concouru; et, plus tard, par François de Neufchâteau, savant également distingué, qui demandait au gouvernement l'aliénation à son profit de cette même propriété, qu'il aurait destinée à l'amélioration du sort des enfans trouvés, etc.

Ici, messieurs, la tâche de votre commission est devenue plus longue et plus laborieuse. L'origine historique d'un monument tel que celui de Chambord, et son exacte description, ont sans doute un vif degré d'intérêt pour tous ceux qui honorent les arts; mais il est encore devenu plus réel et plus puissant à nos yeux, lorsque nous nous sommes vus appelés à discuter les moyens les plus convenables pour tirer le meilleur parti et du château et de ses immenses dépendances.

Toutefois votre commission, qui ne peut ignorer que, si la propriété de ce beau domaine était définitivement dévolue au duc de Bordeaux par les juges qui sont en ce moment appelés à en connaître, elle deviendrait l'objet d'une vente particulière, a dû se demander de quel intérêt pouvait être son avis sur des moyens d'améliorer une terre qui appartiendrait, dans ce cas, à un individu quelconque. En nous arrêtant à cette seule idée, nous aurions pu regarder toutes nos réflexions sur ce sujet comme inopportunes, parce qu'en effet, si une société comme la nôtre peut et doit se livrer à l'examen des choses d'un intérêt public, il y aurait, pour ainsi dire, inconvenance de sa part à tracer à un individu la marche qu'il doit suivre pour l'administration de sa propriété privée.

Mais une plus haute pensée paraît avoir stimulé M. Vergnaud dans la recherche des moyens d'utiliser Chambord : il suppose que cette propriété rentrera dans le domaine public, soit de plein droit, si la donation faite au duc de Bordeaux est annulée, soit par l'acquisition qu'en ferait le gouvernement sur la vente qui aurait lieu, dans le cas où la donation serait déclarée valable.

Nous aussi, messieurs, nous avons eu cette pensée; et c'est parce que nous sommes restés convaincus qu'en effet le gouvernement, ami des arts et jaloux de conserver un monument qui en signale si bien la renaissance, se rendrait acquéreur dans l'intérêt de la gloire nationale, que nous n'avons point hésité à entrer dans l'examen de la question proposée par M. Vergnaud.

Cette question doit être envisagée sous deux aspects particuliers : la conservation du château de Chambord comme monument d'art, et l'amélioration du parc sous le rapport agricole.

Le château de Chambord est évidemment historique et monumental; il caractérise au plus haut degré l'état de l'architecture sous le règne de François 1er, qui le fit édifier moyennant une somme d'argent qui équivaudrait aujourd'hui à plus de six millions. Dans son état actuel il est loin de menacer ruine, et la France aurait vraiment à déplorer la destruction qui en aurait infailliblement lieu si le gouvernement laissait passer cet immense monument dans des mains particulières.

Mais quel serait, pour le gouvernement, le moyen d'en tirer parti?

Plusieurs membres de votre commission ont pensé, messieurs, qu'on pourrait y former le siége d'une manufacture d'armes analogue à celle qui existe à Versailles; que les quatre grandes salles des gardes régnant au rez-de-chaussée ainsi qu'aux étages supérieurs pourraient avantageusement servir d'ateliers d'armurerie, et que les bâtimens détachés du château pourraient, d'un autre côté, être employés en ateliers de charronnage pour le service de l'artillerie.

Cette opinion a trouvé des contradicteurs. On a surtout objecté que, quelque soin qu'on pût y apporter, il résulterait infailliblement du grand concours d'ouvriers occupés dans les ateliers, la mutilation du monument, particulièrement de tous les bas-reliefs qui le décorent intérieurement, et qu'ainsi le but qu'on se propose d'atteindre, celui de sa conservation comme objet d'art, pourrait se trouver promptement détruit.

La commission n'a pas été non plus sans s'appesantir sur les projets qui avaient été précédemment conçus par l'abbé Rozier et François de Neufchâteau; mais elle a pensé que l'établissement agricole proposé par l'un, et l'établissement philanthropique d'une maison destinée aux enfans trouvés proposé par l'autre, occasionneraient des dépenses considérables à cause des grands changemens qui seraient nécessairement à faire pour rendre cet immense bâtiment habitable, et sans lesquels on considère le séjour dans les grandes pièces voûtées qui occupent la majeure partie du château comme malsain et dangereux. Dans tous les cas, ces changemens pourraient encore avoir l'inconvénient d'occasionner la mutilation des objets d'art intérieurs, et d'ôter conséquemment au monument la physionomie antique qui lui est propre.

En définitive, messieurs, votre commission a été d'avis que le château particulièrement distingué sous l'ancien nom de donjon devrait être conservé dans l'état où il se trouve, et sans y faire d'autres dépenses que celles qui seraient nécessitées pour le rétablissement et l'entretien des couvertures et des clôtures en portes et croisées. Leur réparation actuelle pourrait être d'une certaine importance, parce que, depuis nombre d'années, il y a eu négligence à cet égard; mais, une fois bien rétablies, les couvertures et les clôtures seraient annuellement une faible charge, et il est hors de doute que ce simple entretien suffirait pour conserver pendant des siècles encore ce beau monument, que le temps ne peut que très-lentement altérer, grâce à sa solide construction.

Du reste, on pourrait également restaurer à peu de frais les appartemens que le duc de Polignac avait fait distribuer à la moderne, afin que les princes et ministres qui pourraient venir visiter Chambord pussent y trouver une habitation décente et commode.

Plus loin, messieurs, nous dirons quelle utile destination on pourrait donner à tous les autres bâtimens qui environnent le château.

Quant à la seconde proposition, celle de l'amélioration du parc sous le rapport agricole, elle exige d'assez longs développemens, et réclame toute votre complaisance.

Ce parc, entouré de murs en maçonnerie,

contient en superficie 5,407 hectares 41 ares 65 centiares, qui, suivant un plan dont il nous a été donné communication paraît avoir été dressé sous la possession du maréchal Berthier, sont divisés de la manière suivante :

Emplacement du château, parterre et jardin, casernes, place d'armes, maisons du village, pavillons des gardes, chemins, rivière et ruisseaux.................. 189 h. 01 a. 38 c.

Fermes au nombre de 23..........	1267	54	53
Locations détachées..	8	24	75
Bois...............	2313	53	37
Prés.............	88	37	09
Terres pâtis........	320	09	33
Bruyères..........	1180	28	96
Etangs............	40	32	24
Total égal.....	5,407	41	65

Depuis que le plan dont nous venons de parler a été levé, différens travaux ont été faits, surtout par les soins de la commission qui avait été choisie pour l'acquisition de Chambord au nom du duc de Bordeaux. Le rapporteur de votre commission, qui s'est transporté sur les lieux, a même été dans le cas de reconnaître qu'ils se poursuivaient avec activité. Malheureusement l'absence de l'intendant l'a empêché d'obtenir de son obligeance quelques renseignemens qu'il aurait désirés sur l'état actuel des choses, et sa visite n'a eu d'autre résultat que d'apprendre de quelques fermiers qu'on faisait dans le parc beaucoup de plantations et de semis, que plusieurs fermes avaient été déjà supprimées, et que des parties de grands bois assez considérables avaient été exploitées. Du reste, le genre de culture paraît n'avoir subi aucune modification; il est à peu près le même que celui qui se pratique dans toute la Sologne. Or, vous savez, messieurs, tout ce qu'il a de vicieux : les jachères, les petits sillons, l'usage de mauvais instrumens aratoires, très-médiocre quantité d'engrais, défaut d'assainissement, mauvaises espèces de bestiaux tenus sans aucun soin, etc., tout cela se remarque dans les fermes de Chambord comme dans le centre de la Sologne.

Peut-on mieux faire et beaucoup mieux faire avec certitude de succès? Voilà, messieurs, l'importante question que nous avons à examiner.

A notre avis, ce succès n'est nullement problématique, moyennant diverses dépenses. Les moyens de l'obtenir seraient :

1º. De défricher tous les étangs du parc susceptibles d'être mis en bonne culture, parce que, généralement, les étangs de la Sologne, qui, d'abord, rendent le pays malsain, forment des dépôts d'eau d'où partent des infiltrations qui gâtent tous les prés et terrains inférieurs, en leur donnant beaucoup trop d'humidité.

2º. De faire curer la rivière du Cosson et tous les petits ruisseaux du parc qui y aboutissent, afin que le cours des eaux soit parfaitement libre et qu'il n'y ait plus de reflux sur les terres et prés qui les environnent, et auxquels les fourrages doivent leur médiocre qualité.

3º. De pratiquer des fossés partout où l'on reconnaîtrait une trop grande humidité, et de les diriger, suivant les pentes, vers un ruisseau, de manière à assainir parfaitement les terres, assainissement regardé comme essentiel, puisqu'il est évident qu'il ne saurait jamais y avoir de bonnes récoltes dans un terrain aquatique, quelque quantité d'engrais qu'on y mette.

4º. De faire défricher à la pioche, à la charrue ou par le moyen de l'écobuage, toutes les bruyères qui existent sur le domaine, de même que toutes les mauvaises parties de bois, et de soumettre le tout au même système d'assainissement.

5º. De faire, avec beaucoup de discernement, le choix des bonnes terres arables, c'est-à-dire de celles qui ont assez de consistance pour retenir convenablement les eaux pluviales et qui sont saines, afin de pouvoir avec succès, les livrer à la culture des céréales, des plantes-racines, des prairies artificielles et de toute espèce de fourrages.

6°. D'établir les fermes de manière que chacune se compose seulement d'environ 120 à 150 hectares des bonnes terres ainsi choisies, et de ne les donner qu'à des fermiers intelligens, connaissant déjà l'agriculture telle qu'elle se pratique, par exemple, dans la Picardie, et ayant des moyens pécuniaires convenables pour avoir de bonnes espèces de bestiaux qui seraient nourris à l'étable, et qu'on empêcherait conséquemment d'aller pacager dans les bois, comme cela se pratique trop communément dans ces contrées.

7°. De faire des plantations et des semis en pins maritimes, en pins sylvestres, bouleaux, aunes, chênes, châtaigniers, blancs d'Hollande, peupliers, frênes, etc., selon la nature de chaque partie du sol, dans tous les terrains qui n'auraient pas été jugés propres à la culture des céréales et des fourrages.

8°. De substituer l'aménagement de 15 ans au plus à l'aménagement de 50 ans qui paraît exister pour l'exploitation, sinon de la totalité, au moins d'une grande partie des bois de Chambord, attendu qu'il résulte un préjudice notable d'un aussi long aménagement, d'abord parce que le terrain de Sologne, excepté quelques portions dans des fonds rares et privilégiés, n'est pas assez substantiel pour produire une végétation suffisante; qu'il en résulte que les bois se couronnent et périssent à moitié terme; que les souches s'altèrent et meurent lors de l'exploitation, et que leur regarnissement ou repeuplement, à l'aide des jeunes plants qu pourraient s'élever, devient impossible; d'où suit nécessairement encore la destruction des bois au bout de quelques exploitations. Ensuite, c'est qu'il est mathématiquement démontré que le prix qu'on obtient d'une coupe vendue à quinze ans équivaut, par l'effet de l'intérêt composé, au prix de cette même coupe vendue à cinquante ans; d'où il résulte que le propriétaire éprouve réellement la perte des deux autres coupes qu'il aurait faites dans l'intervalle, ainsi que des intérêts que ses fonds auraient produits à partir de l'expiration de chaque période de quinze ans; le tout indépendamment de la dépréciation du bois, qui, au contraire, s'améliorerait sensiblement par le mode d'exploitation que nous indiquons.

9°. Enfin nous pensons qu'il serait utile d'augmenter le village de Chambord en y construisant de nouvelles et modestes maisons, afin d'y attirer plus de population, et qu'il ne le serait pas moins de tenir les portes du parc toujours ouvertes, pour que le passage par les différens chemins qui y sont pratiqués fût libre; et aussi pour qu'on n'y tînt plus constamment enfermée la grande quantité de gibier qui détruit toutes les récoltes des laboureurs, et même les bois.

Tels sont en abrégé, messieurs, les moyens que, selon nous, devrait employer un père de famille pour améliorer le parc de Chambord.

Mais le gouvernement, devenu possesseur, aurait une autre condition à remplir : ce serait d'y établir une *ferme modèle* sur une échelle digne de sa grande et utile destination.

A cet égard nous ferons remarquer que s'il est un point où il soit essentiel de former un pareil établissement, c'est Chambord.

En effet, quel doit être le but principal d'une *ferme modèle?* c'est de faire connaître, non par la théorie, mais par la pratique, tous les vrais principes de l'agriculture, et de faire voir à ceux qui les ignorent encore l'avantage de leur judicieuse application, afin de les déterminer à suivre l'exemple qu'ils ont sous leurs yeux.

Or, quels cultivateurs ont plus besoin d'un

semblable exemple que ceux de la Sologne où l'agriculture est encore au berceau, et ou ils commettent continuellement tant d'erreurs, notamment celle de porter indistinctement leurs soins et leurs travaux sur des terres dont une grande partie n'est nullement propre à la culture, au lieu de ne s'attacher qu'à celles qui la permettent avec un avantage certain ? Où peut-il mieux convenir de faire connaître l'usage de tous les nouveaux instrumens aratoires, l'effet des bons labours, la manière de faire et d'employer les engrais, etc. ?

A notre avis la Sologne, destinée à devenir l'une des plus agréables provinces de la France, à cause de sa position centrale, des rivières qui la traversent et de la variété de ses produits, est susceptible de recevoir des améliorations telles, comme le dit avec raison M. Vergnaud, qu'on peut espérer des productions triples de celles qu'on en obtient aujourd'hui, et, sous ce rapport, nous pensons qu'elle sera préférée, ainsi que le Berry, qui offre également des ressources très-fructueuses, à la Beauce, à la Picardie, etc., où, d'une part, les propriétés sont généralement très-morcelées, et où, de l'autre, il reste très-peu de changemens agronomiques à faire avec des avantages bien sensibles.

Mais pour arriver à l'application des systèmes d'améliorations que nous croyons pouvoir prédire à la Sologne, il faut aussi que quelques changemens se fassent dans nos mœurs; il faut que le goût de l'agriculture se répande dans les classes éclairées, comme il est répandu chez les Anglais. Il faut que les propriétaires, sans répugnance alors pour le séjour de la campagne, et convaincus, comme nous, que la terre, jamais ingrate, sait toujours reconnaître les soins qu'on lui donne, se déterminent à consacrer une partie de leurs capitaux en améliorations, au lieu de se contenter de recevoir leurs revenus; il faudrait encore que plus de jeunes gens de parens aisés, après leurs études, se dirigeassent vers les écoles d'agriculture, d'industrie et des arts, pour se livrer ensuite, dans leurs propres intérêts, à une pratique d'autant plus honorable qu'elle serait raisonnée et qu'elle procure l'indépendance. Peut-être alors aurions-nous moins de docteurs en droit et en médecine; mais, en revanche, nous aurions un bien plus grand nombre de bons cultivateurs; et, selon nous, ce serait le moyen de donner à la France, si riche en propriétés foncières, et qui, par cette raison, devrait être essentiellement agricole, un degré de prospérité tel que la production serait immense, les denrées conséquemment à bon marché, et la classe ouvrière réellement soulagée.

Quoi qu'il en soit, ce qui pourra beaucoup engager les propriétaires à se fixer dans la Sologne, qui est couverte d'habitations agréables et de domaines étendus, ce sera assurément la réussite d'une *ferme modèle* établie à Chambord, c'est-à-dire sur un sol commun à toute cette province. Nous ne disons pas qu'il soit nécessaire d'y faire faire des tours de force au terrain, et que, par exemple, il faille démontrer que les sables arides peuvent à la longue être convertis en bonne terre végétale. Ce ne peut être notre pensée, parce que nous savons parfaitement que la question économique et l'expérience viendraient condamner un pareil système. Mais nous répétons qu'en n'opérant que sur des terres bien choisies, et il en est en quantité plus que suffisante à Chambord, on peut y créer une très-belle exploitation agricole, avantageuse pour l'établissement, avantageuse pour les fermiers du parc, et avantageuse pour tous les propriétaires de Sologne qui voudront en imiter la pratique avec intelligence. Certes, messieurs, ces avantages seraient bien autres que ceux que présente la *ferme modèle* établie dans la terre de Grignon, située non loin de Paris, qui offre à tous les fermiers des environs les moyens de se procurer des engrais en grande abondance et à bon marché; ce point, en effet, nous a toujours paru mal choisi. La culture de ces fermiers, à raison de cette facilité de se pourvoir d'engrais et de la faculté qu'elle leur donne de vendre tous leurs fourrages et leurs empaillemens, doit être considérée comme une culture tout-à-fait exceptionnelle. Avec elle on peut impunément mettre de côté la plupart des principes ordinaires, et les fermiers savent fort bien que l'application de ceux qui leur seraient enseignés à Grignon ne serait pas aussi avantageuse à leurs intérêts que les méthodes que leur position particulière leur permet de suivre.

On doit d'autant plus croire à l'entière réussite d'une bonne exploitation agricole dans le parc de Chambord, que le banc calcaire qui règne sur presque tout le littoral et même dans un rayon de deux lieues de la Loire, existe dans cette terre. Le rapporteur de votre commission s'en est personnellement convaincu. Avec cette précieuse ressource, le succès ne peut être effectivement incertain. Les expériences acquises sur l'usage de la marne attestent depuis long-temps que ce puissant véhicule, qui donne au sol de la Sologne la partie calcaire dont il est dépourvu, et que le célèbre Chaptal juge si nécessaire dans la composition de la terre végétale, le rend propre à toute espèce de productions.

Nous estimons qu'il serait indispensable que l'exploitation agricole qui serait établie comme *ferme modèle* à Chambord, et pour laquelle 300 à 400 hectares de bonnes terres et 30 à 40 hectares de prés naturels pourraient suffire, embrassât une fabrique de sucre indigène et une fabrique de fécule de pommes-de-terre, dont les avantages sont hors de doute, et qu'on y attachât également une école d'agriculture à l'instar de celle de M. Mathieu de Dombasle à Roville, qui a déjà produit tant de sujets distingués. Au centre de la France, et dans une position qui bientôt aurait pris une physionomie aussi riante qu'elle paraît triste aujourd'hui, cette nouvelle école aurait promptement de nombreux élèves que la pratique personnelle instruirait d'autant mieux qu'il s'agirait de créer à Chambord, non pas seulement une *ferme modèle*, mais une *terre modèle*; que les études pourraient s'y faire sur plusieurs natures de terre, et qu'elles comprendraient nécessairement tous les genres de culture, même celle des différentes espèces de bois. On pourrait y joindre aussi une école d'horticulture, et, dans ce cas, les quatre grandes salles du donjon, au rez-de-chaussée, pourraient être facilement disposées en serres chaudes et tempérées. Mais, à moins d'en faire une école exclusive pour les enfans trouvés, comme la louable idée en a été manifestée par François de Neufchâteau et répétée par M. Vergnaud, nous ne pensons pas qu'on puisse les y admettre en concurrence avec les fils de famille, à raison des préjugés qui existent encore dans nos mœurs contre ces malheureux êtres abandonnés.

Un autre avantage de la fabrique de sucre de betteraves, de la fabrique de fécule de pommes-de-terre et de l'école d'agriculture, c'est qu'avec ces importans établissemens on trouverait les moyens d'utiliser tous les bâtimens qui environnent le château, et qu'on pourrait les mettre en état sans de grands frais.

Nous arrivons à la question économique, celle à laquelle doivent être subordonnés tous les systèmes d'améliorations agricoles comme tous les établissemens industriels.

Sous ce rapport, messieurs, vous n'attendez pas sans doute de nous une précision mathématique. Vous avez dû concevoir qu'il ne nous était pas donné de savoir exactement quelle quantité de mauvais bois et de bruyères serait à défricher; quelle quantité de bois serait à planter ou semer; quelle quantité de bonnes terres il y aurait à marner et à mettre en état; quel nombre de toises de fossés il y aurait à faire, etc., etc. Tout cela aurait été un travail extrêmement laborieux, peut-être même au-dessus de nos forces, et, dans tous les cas, d'un détail long et minutieux, puisqu'il aurait fallu sonder et consulter chaque portion du parc pour en connaître la nature et les ressources.

Tout ce que nous pouvons donc présenter à ce sujet, c'est un tableau approximatif basé sur un examen d'ensemble, sur quelques notions recueillies sur les lieux, et enfin sur des expériences faites déjà dans de grandes propriétés environnantes, composées de dépendances comparables à celles du parc de Chambord.

Vous avez pu saisir, messieurs, qu'il résulterait, des observations que nous venons de vous soumettre sur les moyens généraux de l'améliorer, la mise en valeur de toutes ses dépendances sans aucune exception; conséquemment qu'il ne resterait plus des anciens bois que ceux qui seraient convenablement peuplés; que les mauvaises parties seraient mises en culture ou replantées; que des semis de bouleaux, de pins, d'aunes, etc., seraient faits dans toutes les terres qui ne seraient pas jugées susceptibles d'être cultivées avec avantage, et qu'enfin toutes les autres seraient marnées et rendues propres à toute espèce de productions agricoles.

Les choses mises dans ce bel état, nous ne croyons point exagérer en portant le produit commun de chaque hectare à 20 francs par an, ou 10 francs environ l'arpent de 22 pieds pour perche. Nous ajouterons même qu'à raison de la situation de Chambord très-rapprochée d'une grande route et de la Loire et à la proximité d'une ville assez importante, nous avons peine à nous figurer quelle portion pourrait alors donner un revenu moindre, tandis qu'il nous paraît évident qu'une très-grande partie, notamment les bons bois et les prés, en produirait un beaucoup plus élevé.

Partant de cette base, le revenu total de Chambord serait donc, après les travaux d'amélioration, d'environ 105,000 francs, compris les maisons du village, mais sans rien porter pour la valeur locative du château et des bâtimens accessoires. Or, ce revenu, à quatre pour cent, donnerait un capital de 2,625,000 francs.

N'ayant pas été mis à même de connaître tous les travaux que la commission pour l'acquisition de Chambord au nom du duc de Bordeaux, a fait exécuter depuis qu'elle en a pris possession, et par conséquent, dans l'ignorance où nous sommes du véritable état où se trouvent les choses en ce moment, le moyen qui nous a paru le plus simple pour vous donner une idée de la somme totale à laquelle reviendrait Chambord après tous les travaux d'amélioration, a été de considérer cette propriété comme étant encore dans l'état où elle se trouvait lors de la vente qui en a été faite par la princesse de Wagram, au profit du duc de Bordeaux, sans égard aux travaux exécutés et aux dépenses faites depuis par la commission. Ce point de départ nous a semblé d'autant plus admissible que, d'après les renseignemens que nous avons pu nous procurer, ces travaux et ces dépenses sont à peu près conformes aux bases sur lesquelles s'appuient et notre système et nos calculs personnels.

Ainsi nous portons comme valeur du domaine, à l'époque de la vente faite par la princesse de Wagram, une somme de un million cinq cent mille francs, ci...... 1,500,000

Pour ramener l'aménagement des bois à quinze ans, suivant l'opinion que nous avons précédemment émise, nous estimons qu'il y aurait à vendre, en peu d'années, pour trois cent mille francs de superficie.

A reporter...... 1,500,000

Report...... 1,500,000
exploitable, ci............... 300,000
Reste pour prix d'acquisition... 1,200,000

Frais d'améliorations.

Défrichement des 1180 hectares de bruyères qui existaient suivant le plan qui nous a été communiqué et dont nous avons déjà parlé, à 80 francs.. 94,400

Défrichement des 320 hectares qui existaient en pâtis, à 60 francs............. 19,200

Défrichement des 40 hectares en étangs, à 60 francs... 2,400

Défrichement de 600 hectares de bois, quantité qu'on suppose exister en mauvaise qualité dans le parc, à 80 francs, outre la valeur du bois de terre.. 48,000

Les quatre articles ci-dessus comprennent au total 2,140 hectares de terrain. On suppose que dans cette quantité il n'y en aurait que 800 propres à être conservés pour la culture, et que les 1,340 de surplus coûteraient, pour être mis en bois de différentes essences, selon la nature de chaque sol, au prix commun de 100 francs l'hectare........... 134,000

A reporter.. 298,000 1,200,000

Report... 298,000   1,200,000

Dans les 1,267 hectares qui, suivant le même plan, existaient en culture, et étaient répartis entre les diverses fermes, il y en aurait encore 800 à mettre en bois, à raison de 60 francs seulement, parce que le semis est beaucoup plus facile. 48,000

Les terres qui, d'après ce qu'on vient de voir, resteraient pour la culture, se composeraient :

Des 800 hectares à provenir des nouveaux défrichemens et des 467 hectares qui seraient choisis dans les terres actuellement cultivées. — Total 1,267 hectares.

Marnage de cette quantité à raison de 100 fr. l'hectare. . 126,700

Curage des rivières, façon de tous les fossés d'assainissemens. 30,000

Addition à faire aux bâtimens des fermes, et qui serait nécessitée par le développement qu'on donnerait à chaque exploitation agricole. 100,000

Défaut de jouissance jusqu'à ce que tous ces travaux soient

A reporter... 602,700   1,200,000

Report...	602,700	1,200,000
terminés, et dépenses imprévues............	100,000	
Total de toutes les dépenses à faire pour mettre le parc de Chambord en pleine valeur..	702,700	702,700
Cette somme étant réunie aux 1,200,000 francs restant du prix d'acquisition de tout le domaine, il en résulterait qu'il reviendrait au total à.....		1,902,700 fr.

Nous le répétons, messieurs, ces calculs ne peuvent pas comporter une exactitude parfaite; mais vous avez pu remarquer que toutes les dépenses sont assez largement fixées pour qu'on puisse en espérer une diminution dans l'exécution plutôt que d'en craindre une augmentation. Elle serait très-sensible, cette diminution, si le système récemment développé par le savant administrateur de notre département sur les moyens d'utiliser les bras du soldat en temps de paix recevait son application dans le parc de Chambord.

Dans tous les cas, et sous quelque aspect que nous envisagions la question, il nous est impossible, avec la grande latitude qui existe entre la mise dehors de 1,902,700 francs et la valeur de 2,625,000 qu'aurait le domaine, sans même rien comprendre pour le château, il nous est impossible, disons-nous, de ne pas admettre qu'il y aurait un grand avantage à donner au parc toutes les améliorations dont il est susceptible.

Sans doute, messieurs, que le plan que nous venons de tracer trouvera des contradicteurs. Il existe encore tant de préjugés contre l'application des vrais principes d'agriculture au terrain de la Sologne; les frais qu'elle engendre paraissent encore si considérables relativement aux produits qu'on en a obtenus jusqu'à ce jour, que nous n'avons pas l'ambition de ramener si promptement tous les suffrages à notre système; mais nous n'en persistons pas moins à croire qu'il peut être développé très-fructueusement dans le parc de Chambord, que nous comparons, nous le répéterons, à des terres voisines dans lesquelles il a été appliqué avec un succès que l'aveugle prévention et l'ignorance peuvent seules contester désormais.

Dans la plus simple réalité, la science de l'agriculture est principalement l'art de donner à chaque terrain ce qui lui convient spécialement, ou plutôt de n'exiger de lui que ce qu'il peut donner avec avantage. Certes, lorsqu'on a vu des propriétaires semer des trèfles et des luzernes dans des sables arides, brûlans et sans consistance, ou dans des terres humides, nullement assainies, on a pu rire de leurs efforts aussi vains qu'irréfléchis. Mais en est-il de même lorsque des cultivateurs mieux éclairés s'attachent à des terres franches qui ont une certaine profondeur, et qui peuvent conserver la fraîcheur dont les plantes ont besoin? Non, messieurs. Que ces terres soient bien convenablement labourées, amendées et fumées, et l'on sera sûr d'obtenir de très-belles récoltes de céréales, de fourrages et de plantes-racines. On peut même citer des expériences qui attestent que le maïs prospère merveilleusement dans des terres de même nature, et sous la même température. En un mot, nous ne croyons rien hasarder en prédisant, pour Chambord, qu'avec un bon assolement quadriennal, les produits de ces terres choisies balanceraient avant peu de temps les produits qu'on obtient sur l'autre rive de la Loire, et que même elles seraient plus avantageuses pour la culture de la pomme-de-terre, du maïs et de la betterave, toutes plantes d'un intérêt si puissant aujourd'hui, soit qu'on les destine à la nourriture et à l'engrais des bestiaux, soit qu'on les livre à l'industrie.

Quant aux terres trop légères pour entrer dans un bon système de culture, voici à leur égard toute notre pensée, soit que nous les considérions comme situées dans le parc de Chambord, soit que nous les considérions comme situées dans toute autre partie de la Sologne.

Depuis trente ans les Beaucerons, après avoir enfin acquis l'expérience des prairies artificielles dont ils ont été si long-temps à adopter la culture, n'ont cessé de répéter qu'il n'y avait plus de mauvaises terres en Beauce.

Eh bien! nous sommes portés à en dire autant des terres de Sologne depuis que nous avons acquis la certitude que le bois résineux, et notamment le pin maritime, y prospère généralement. Mais ici, messieurs, nous rencontrons de nouvelles objections que déjà même on n'a pas craint d'appliquer à Chambord. Qu'il nous soit permis de les combattre un instant, en démontrant qu'elles sont tout à la fois contre l'intérêt public et contre l'intérêt privé.

On ne nie pas que les sables de la Sologne ne soient, pour ainsi dire, le sol de prédilection pour les arbres résineux. Au contraire, on craint qu'ils n'en produisent trop. La grande quantité, dit-on, rendra le produit très-médiocre; il n'y aura pas assez de débouchés. En un mot, c'est la grande abondance qu'on redoute de ces sables.

Nous pourrions concevoir une telle objection,

messieurs, si le terrain en question présentait des ressources d'un autre genre ; mais comment hésiter à faire un semis, qui doit donner en très-peu d'années des arbres nombreux et de belle dimension dans des terrains arides, pas même propres, pour la plupart, au pacage des moutons, tant l'herbe y est rare, dont la valeur intrinsèque n'est pas seulement de 40 francs l'hectare, et quand la dépense que le semis d'une pareille quantité occasionne ne peut être évaluée à plus de 25 francs? Comment peut-on douter du grand avantage qu'un pareil semis offre pour le propriétaire? Et en obtenant un tel avantage, ce propriétaire ne rend-il pas aussi service à son fermier en distrayant de son exploitation des terres aussi ingrates, qu'il cultive par habitude et d'une manière ruineuse, puisqu'elles ne lui rapportent tout au plus que sa semence? Ne ferait-il pas beaucoup mieux de s'abstenir des façons qu'il leur donne, et de porter le peu d'engrais qu'il y met sur ses meilleures terres, dont il obtiendrait alors des grains proportionnellement en plus grande quantité.

Quant à la valeur à espérer des arbres résineux, sans doute qu'elle sera relative, comme tous les autres bois, à leur situation, et que, par exemple, si dans tout le cours de son exploitation, qui est d'environ quarante-cinq ans, un hectare de pin maritime donne pour 10,000 francs de bois parce qu'il sera tout près d'un débouché, il n'en donnera que pour 1,200 francs s'il s'en trouve éloigné de sept ou huit lieues. Mais, quelque faible que l'on suppose le prix de ce bois à raison de l'éloignement, il n'en sera pas moins vrai que ce qu'on en retirera vaudra beaucoup mieux encore que ce qu'on peut retirer de ce mauvais terrain conservé en mauvaise culture; et, d'un autre côté, on aura donné à sa propriété un aspect aussi agréable que la vue des sables arides est insupportable. L'expérience à cet égard est encore décisive.

L'objection contre les semis de cette nature nous paraît d'autant moins fondée qu'une fois faits ils n'occasionnent aucune espèce de dépenses, puisque nous devons supposer que la seule opération du dépressage qu'ils réclament peut partout se faire par les habitans, seulement pour le bois qui en provient. Les malheureux en profiteront exclusivement sans doute; mais que le propriétaire soit patient, et la futaie ne tardera pas à lui donner, à son tour, sa grande part des produits. On peut même dire qu'après avoir ainsi, à peu de frais, embelli sa propriété, et rendu service à son fermier et aux habitans, il décuplera le revenu de ses mauvaises terres.

Ce que nous venons d'exprimer, messieurs, est le résultat plus que probable des semis, les choses considérées dans leur état actuel.

Mais, en portant nos regards vers l'avenir, d'autres considérations nous semblent encore militer en leur faveur comme en faveur de toute espèce de plantations en Sologne, et promettre de grands avantages à ceux qui s'y livreront dès ce moment; c'est que, par sa position au centre de la France et par le peu de ressources qu'offre généralement son sol pour les céréales, la Sologne doit devenir, dans un temps plus ou moins éloigné, le chantier de tous les départemens qui l'entourent, et peut-être même de la capitale.

Nous expliquons notre pensée :

Nous avons dit tout-à-l'heure que l'on doit s'attacher, en agriculture, à ne donner à chaque genre de terrain que ce qui lui convient le mieux. Nous ajouterons ici comme une vérité non moins positive, que ce qui lui convient le mieux est toujours ce qui rapporte le plus au propriétaire. Or, il est indubitable qu'il existe dans la Beauce, dans les environs de Paris et surtout dans le Berry, de très-bons terrains, maintenant en bois, qui rapporteraient beaucoup plus en culture. La conversion ne peut en être faite parce que nous sommes encore sous l'empire d'une loi qui interdit aux propriétaires la faculté de défricher leurs bois, malgré le préjudice évident qu'ils éprouvent à les conserver. Mais nous le croyons, messieurs, cette loi qui porte nécessairement atteinte au droit de propriété, et qui impose à cette classe de propriétaires des sacrifices particuliers, dans un prétendu intérêt public, il est vrai, mais sans indemnité, ne peut plus être dans nos mœurs. Renouvelée par le dernier code forestier, et pour vingt ans, elle nous semble trop blesser les règles de la justice distributive pour penser que sa carrière ne sera pas abrégée, ou au moins, pour penser qu'elle ne sera pas modifiée.

Cette modification, que réclame impérieusement l'équité, est d'autant plus probable qu'en même temps la loi dont nous parlons froisse évidemment la fortune publique et tous les principes de l'économie politique. En effet, n'est-il pas positif que, puisqu'il est de l'intérêt d'un empire de produire le plus possible, il n'est pas rationnel de forcer le producteur à conserver des bois qui ne rapportent communément chaque année qu'une valeur au plus de 30 francs par hectare, tandis que la même quantité de terrain donnerait en céréales une valeur annuelle de plus de 150 francs? Pourquoi le produit des bois ne se trouverait-il pas au même niveau que toutes les autres productions de la terre? Pourquoi la fortune publique perdrait-elle la plus-value, généralement très-importante, que les bois acquièrent aussitôt qu'ils sont convertis en terres arables, plus-value que le gouvernement a si bien appréciée que, dans la vente qu'il a faite des bois de l'état, il a lui-même donné la faculté d'en défricher la plus grande partie?

Remarquez bien, messieurs, que des défrichemens résulte un double avantage pour la fortune publique; car si, d'une part, la conversion augmente la valeur du sol qui était en bois, de l'autre, elle encourage et détermine les propriétaires, encore intimidés par les effets de la loi en question, à faire des semis et des plantations dans leurs terres médiocres, sûrs qu'ils sont alors de trouver des débouchés, et de voir augmenter la valeur du sol dans une grande proportion.

Et s'il est vrai, comme on ne saurait en douter, qu'en augmentant la fortune publique on rend le fardeau des impôts plus léger, comment supposer que le gouvernement, qui sent vivement le besoin d'opérer cet allégement, persévérera long-temps encore dans la défense de défricher, dont les propriétaires particuliers sont frappés?

Sans doute que, dans le cas où les défrichemens seraient libres, le prix du bois de chauffage, momentanément du moins, pourrait augmenter dans les endroits où ils auraient lieu. Mais, d'un autre côté, cette augmentation ne serait-elle pas amplement compensée par la diminution qui en résulterait nécessairement sur le prix du pain? Or, ne serait-ce pas encore un moyen de soulager les malheureux, dont la consommation en pain est bien plus considérable que leur consommation en combustibles?

Qui peut ignorer encore que pour obtenir 150 francs en céréales d'un hectare de terrain, on emploie beaucoup plus de main-d'œuvre que pour obtenir les 30 francs d'un hectare de bois, qui ne s'exploite que tous les quinze ou vingt ans? Et n'est-ce pas déjà un assez puissant motif pour autoriser les défrichemens, quand nous voyons la classe ouvrière, si nombreuse en France, avoir tant besoin que les travaux se multiplient?

Tout porte donc à croire, messieurs, que le gouvernement ne tardera pas à changer une loi évidemment en opposition avec l'intérêt général, et c'est dans cette vue qu'on ne peut trop recommander encore les semis et plantations de bois dans la Sologne, à laquelle alors les débouchés ne manqueront plus, et avec laquelle aussi tous les départemens environnans feront nécessairement des échanges de productions utiles à tous les habitans comme à tous les différens producteurs.

D'un autre côté, peut-on croire que nous soyons encore long-temps sans voir le gouvernement s'occuper des routes et des canaux qu'il serait si important d'ouvrir dans différentes directions de la Sologne? Peut-on douter aussi que l'administrateur actuel de notre département, lui qui donne journellement tant de preuves de ses connaissances en économie politique, ne réalise les projets sagement conçus par son prédécesseur, qui, dans son active sollicitude, préparait déjà les moyens de faire exécuter les nivellemens de toute cette province, pour arriver ensuite aux moyens de la rendre tout à la fois et plus salubre et plus productive?

Avec de telles espérances, et sous ce rapport encore, nous pensons donc que les semis de bois sont d'un avantage certain pour toute la Sologne, et par conséquent pour Chambord.

Du reste, messieurs, on peut dire que les objections qu'on fait particulièrement contre les semis de pins, à raison de l'éloignement, ne sont nullement applicables à ce domaine, dont la situation est aussi avantageuse que possible pour la vente des bois, comme pour la vente de toute espèce de productions. La Loire et la grand'route, qui ne sont qu'à une lieue des murs du parc; la proximité de Blois et de beaucoup de communes populeuses environnantes, faciliteront toujours les débouchés, même du bois de dépressage, et, en définitive, nous estimons que les revenus que donneront les pins s'élèveront bien au-delà des 20 francs que nous avons attribués comme revenu commun de chaque hectare, après sa mise en pleine valeur.

Tels sont, messieurs, les développemens qu'il nous a paru à propos de donner aux idées émises par M. Vergnaud dans la troisième partie de son important travail. Ces détails vous auront sans doute semblé longs et fastidieux; mais nous ne concevons pas comment nous aurions pu, sans eux, atteindre le but qu'on s'est nécessairement proposé, celui de savoir si la possession du domaine de Chambord ne serait pas à charge au gouvernement dans le cas où, à titre quelconque, il en redeviendrait propriétaire. Nous croyons avoir démontré la négative. A notre avis, les avantages qu'on peut retirer d'un bon système d'amélioration permettent, en résumé, d'espérer un taux de près de cinq pour cent de toute la mise de fonds, et par conséquent de conserver à la France le monument dont M. Vergnaud vous a présenté l'histoire et la description, sans qu'une aussi belle possession soit onéreuse à l'état.

Au surplus, si toutes les observations que vous venez d'entendre, messieurs, sortent de la classe ordinaire des rapports, presque toujours circonscrits dans un sens analytique, et si nous nous sommes aussi étendus sur la troisième partie du mémoire, c'est encore parce que nous avons dû nous y croire autorisés par l'auteur lui-même. En effet, assez riche de ses autres connaissances, il a franchement exprimé qu'étranger à l'agriculture pratique, il lui était difficile de faire apprécier tous les travaux que la mise en pleine valeur du parc de Chambord exigerait et d'en déterminer les dépenses. Nous avons cru pouvoir y suppléer, aidés que nous étions par des expériences acquises sur un terrain analogue. Puisse, messieurs, ce résultat de nos efforts être accueilli par vous avec autant de bienveillance qu'il a besoin d'indulgence.

M. Vergnaud a terminé son mémoire en manifestant le desir que le gouvernement, s'il doit exécuter le projet d'amélioration de Chambord, appelle à concourir aux grands travaux que son exécution exigera, les malheureux Polonais que les événemens politiques forcent à fuir leur patrie et que la nôtre reçoit avec tant de philanthropie. C'est un vœu que partageront tous les amis de l'humanité, et auquel nous applaudirons d'autant plus que leur coopération soit par voie de colonisation, de concession temporaire, ou de travail journalier, peut tout à la fois leur procurer le bien-être et hâter la mise en pleine valeur de la propriété.

La notice & le rapport, surtout sont extrêmement intéressants. C'est ainsi que le bien se discute et se propage. Mais hélas ! les gouverneurs daignent-ils écouter & lire ? Pauvre France, qui pourrais être et...

Note de M. Lesage de Villeneuve.

www.ingramcontent.com/pod-product-compliance
Lightning Source LLC
LaVergne TN
LVHW050602090426
835512LV00008B/1298